Vittorio Tessera

Lambretta 125 A-B

Storia, modelli e documenti - History, models and documentation

GIORGIO NADA EDITORE

Giorgio Nada Editore

Direzione editoriale
Editorial manager
Leonardo Acerbi

Redazione
Editorial
Giorgio Nada Editore

Impaginazione
Layout
Aimone Bolliger

Traduzione
Translation
Nicholas Zinzi

Copertina
Cover
Sansai Zappini

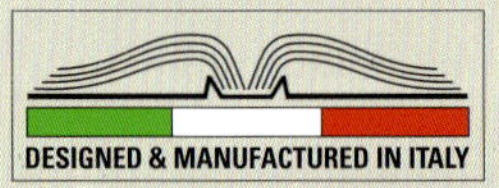

Giorgio Nada Editore s.r.l.
Via Claudio Treves, 15/17
20055 VIMODRONE - MI - Italy
Tel. +39 02 27301126
Fax +39 02 27301454
E-mail: info@giorgionadaeditore.it
www.giorgionadaeditore.it

Allo stesso indirizzo può essere richiesto il catalogo di tutte le opere pubblicate dalla Casa Editrice.
The catalogue of Giorgio Nada Editore publications is available on request at the above address.

Lambretta 125 A-B
ISBN: 978-88-7911-953-5

RINGRAZIAMENTI

Un sentito ringraziamento va a:
Attila Cassola, Fumagalli (la famiglia), Maurizio Longo, Martino Pastore, Gualtiero Repossi, Enzo Rizzi, Sergio Sciarpetti, Bruno Strigini, Tironi (la famiglia), Daniel Gasche, Emanuel Paz e Lorenzo Innocenti.

Dedico questo libro a mio papà Gianni, che mi ha sempre sostenuto nella mia passione.

ACKNOWLEDGEMENTS

A heartfelt thank you goes to:

Attila Cassola, Fumagalli (the family), Maurizio Longo, Martino Pastore, Gualtiero Repossi, Enzo Rizzi, Sergio Sciarpetti, Bruno Strigini, Tironi (the family), Daniel Gasche, Emanuel Paz and Lorenzo Innocenti.

I dedicate this book to my father Gianni, who has always supported me in my passion.

Giunti Editore e Giorgio Nada Editore si impegnano per uno sviluppo sostenibile con l'utilizzo di carta certificata FSC proveniente da fonti gestite in maniera responsabile.

Giunti Editore and Giorgio Nada Editore are committed to sustainable development. We use FSC-certified paper derived from responsibly managed sources.

Sommario

Contents

Lambretta 125m (A): dalle origini ai primi prototipi

La Lambretta è certamente uno dei prodotti milanesi più conosciuti nel mondo: non c'è angolo della terra dove non sia stata venduta e apprezzata per le sue grandi doti di robustezza e affidabilità.
Uno scooter italianissimo che ancora oggi è un simbolo indiscusso della nostra incredibile maestria nel produrre oggetti di altissima qualità con un design elegante e unico nel suo genere.
Ma come è nata la Lambretta e come si è arrivati al primo modello 125 m (A)?
Purtroppo non esiste nessuna documentazione scritta in merito a questa fondamentale domanda. All'epoca si pensava solo a produrre e a nessuno era mai venuto in mente di raccogliere le testimonianze delle persone che avevano contribuito a questo grande progetto.
Le poche informazioni che sono giunte a noi riguardano principalmente gli aspetti commerciali dell'azienda, i bilanci, le previsioni di vendita ma mai è stata scritta e tramandata la storia della nascita della nostra cara Lambretta, come è stata ideata e perché.
Nel mio primo libro dedicato alla Lambretta ero riuscito a raccontare quel poco che avevo trovato tramite i ricordi dei vecchi operai della Innocenti; notizie frammentarie che, comunque, mi avevano dato la possibilità di scrivere una storia che avesse un fondo di verità e che fosse storicamente corretta.
Per fortuna, negli ultimi venticinque anni ho avuto al possibilità di conoscere altre persone che avevano contribuito a questo importante progetto e così sono finalmente riuscito a comprendere in maniera più approfondita e definitiva la nascita della Lambretta e delle sue prime evoluzioni.
Con questo libro intendo condividere con tutti voi il risultato di queste mie ricerche e far conoscere agli amici Lambrettisti la vera storia di questo scooter milanese che ha saputo conquistarsi un posto di primo piano nel grande mondo del motorismo internazionale.
Vorrei precisare che su internet spesso mi capita di

Sotto, 1944, disegno del primo prototipo progettato dall'Ing. Pallavicino; nella parte inferiore si vede la dedica che mi ha fatto Bruno Ferrario quando sono andato a trovarlo.

1944, a technical drawing of the first prototype by Pallavicino. Notice the inscription written by Bruno Ferrario for me when I went to visit him (bottom).

Il motore, direttamente derivato da quello utilizzato sulle motociclette.

The engine, directly derived from the ones used for motorbikes.

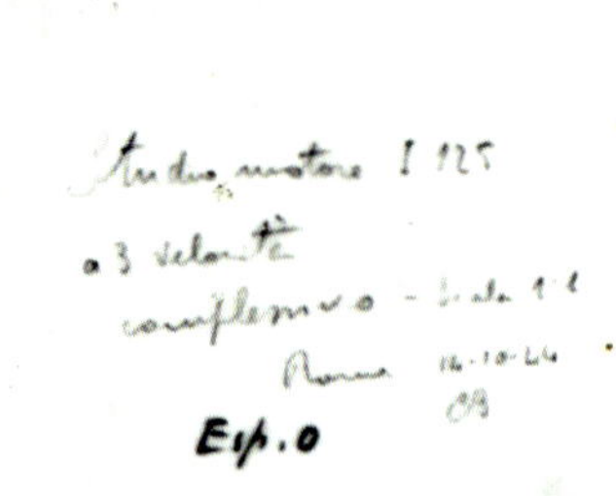

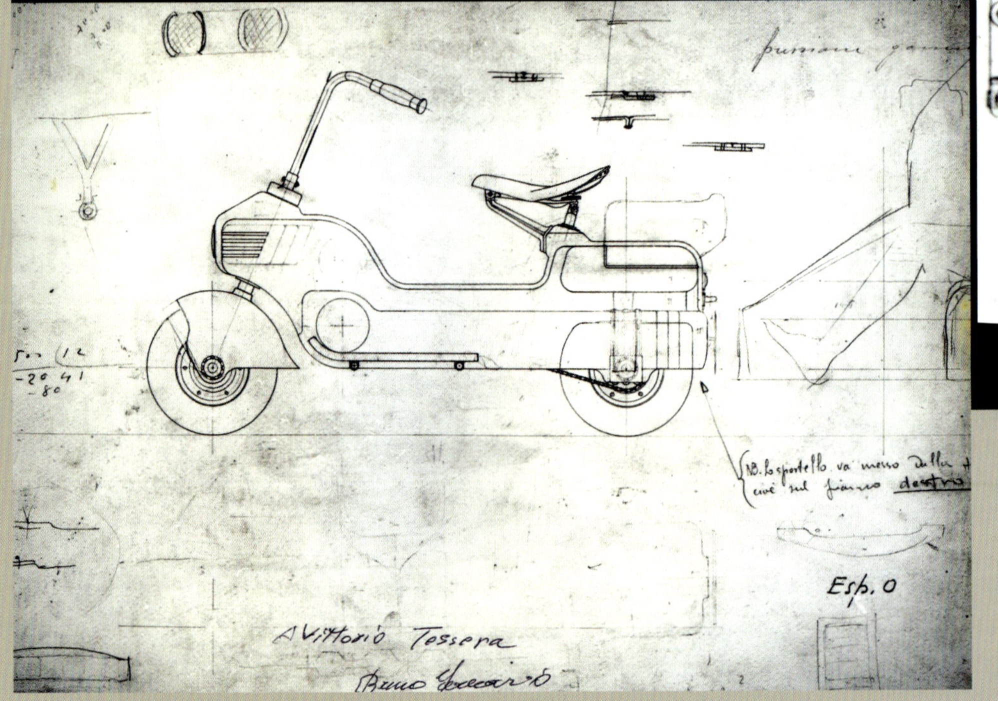

Lambretta 125m (A): from the origins to the early prototypes

The Lambretta is certainly one of the most renowned products worldwide. There isn't a corner of the Earth in where it hasn't been sold and appreciated for its impressive sturdiness and reliability.
It is a 100% Italian scooter that, to this day, is an undisputed symbol of our incredible mastery in making extremely high-quality products with a unique and refined design for their category.

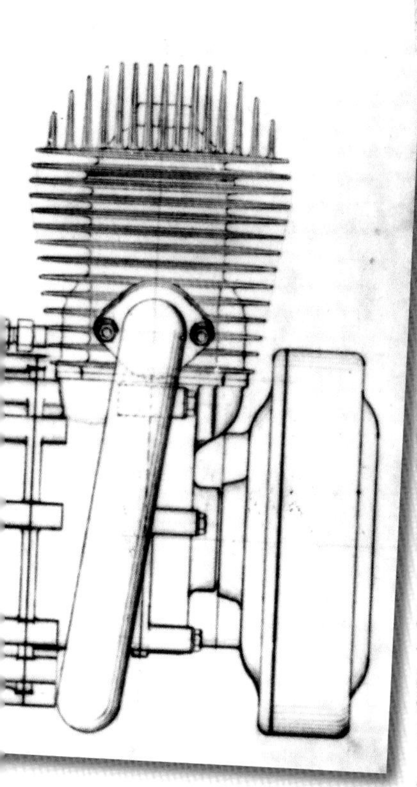

Particolare della sofisticata forcella anteriore con la sospensione inserita nel cannotto sterzo.

A detail of the sophisticated front fork, with the shock absorber embedded in the steering column.

leggere post e commenti che riguardano questo argomento: vi prego di stare attenti al loro contenuto perché, nella maggior parte dei casi, si tratta di storie inventate senza nessuna base storica documentata e spesso frutto della fantasia di "improvvisati saccenti". Ma torniamo indietro di qualche decennio, e più precisamente al 1944 quando la Seconda guerra mondiale era ancora nel pieno del suo tragico svolgimento e

Già nel settembre del 1945 la rivista Motociclismo pubblicava una prima notizia di un futuro scooter prodotto da una importante azienda milanese.

As early as September 1945, Motociclismo magazine published the news of a future scooter made by a prominent Milan-based manufacturer.

Notizie... innocenti

Fra la ridda di notizie che girano per l'aria e volano tanto più alte e lontane quanto meno son consistenti (come vogliono, del resto, anche le leggi della fisica...), quelle che si irradiano da un grosso complesso industriale della zona di Lambrate parlano insistentemente anche di una specie di motopattino biposto in gestazione o lì lì per nascere ancora. Pare però che questa volta la consistenza ci sia sul serio, anche se sulle effettive caratteristiche del veicolo continua permanere più di un interrogativo. Restiamo dunque in attesa che, sperabilmente presto, qualche cosa di più concreto si delinei per riparlarne.

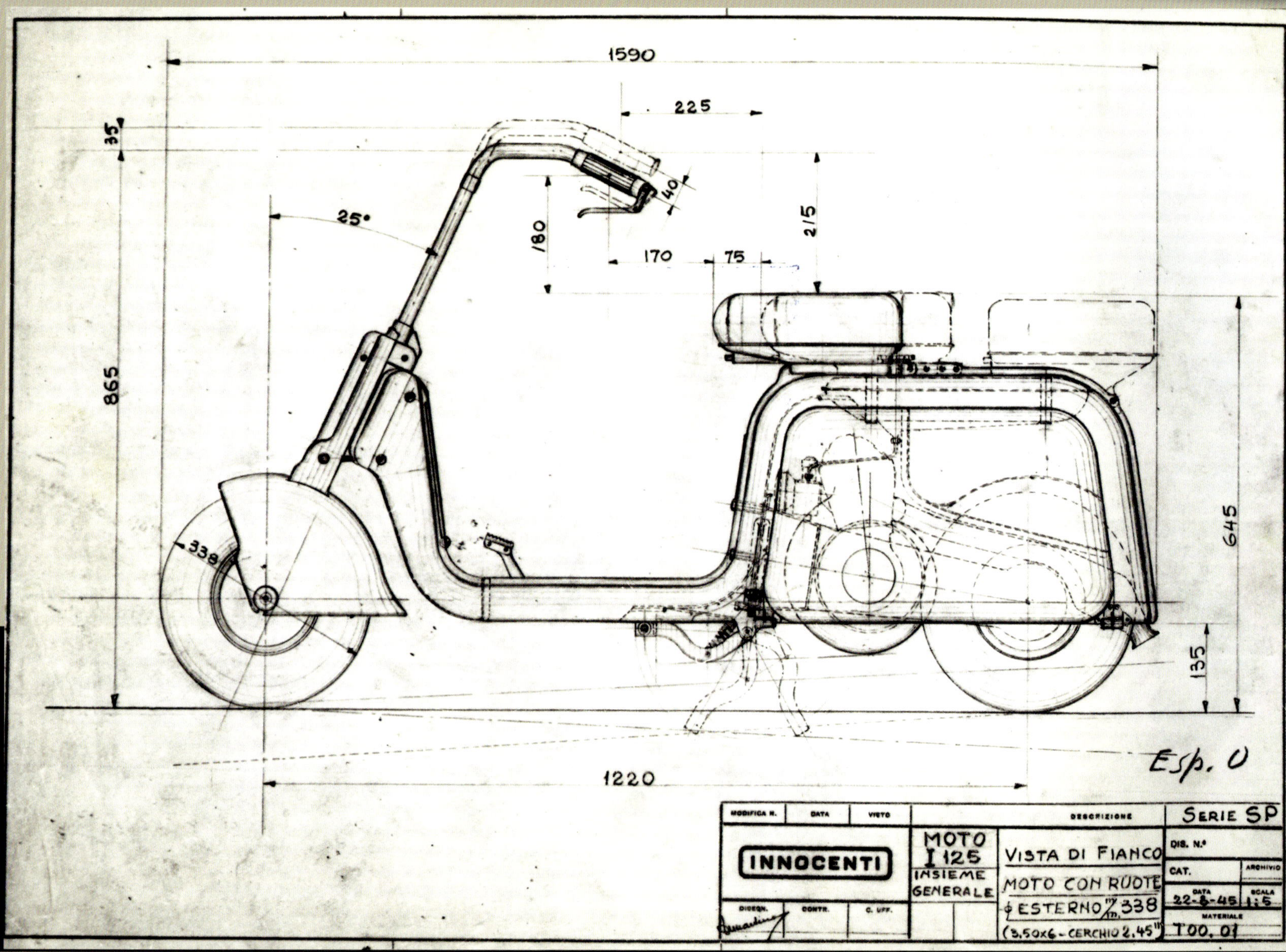

So how was the Lambretta born and what brought the company to make the first model: the 125 m (A)? Unfortunately, there is no written documentation in response to this crucial question. Back then, production was the only priority, and nobody thought about collecting accounts from the people who had contributed to this great project.

The little information we have mainly concerns the business side of the company – financial statements, sales forecasts, etc. – but no one ever wrote and handed down the history of the birth of our dear Lambretta, how it was created and why.

In my first book, Innocenti Lambretta, I have managed to put together the few memories of the old Innocenti factory workers: fragmented pieces of information that, nonetheless, let me write a story with a kernel of truth and that is historically accurate.

Luckily, in the past 25 years, I got the chance to meet more people who had contributed to this important project, and finally gained a deeper and more definitive understanding of the birth of the Lambretta and its early evolutions.

In this book, I intend to share the results of my research with you and let all my Lambrettisti friends know the true story behind this Milan-born scooter that was able to step on the front stage of international motoring.

Sezione del motore con la particolarità del compressore volumetrico per migliorare la resa termodinamica. La trasmissione è a ingranaggi e il cambio è a 2 velocità. Notare il sistema di accensione a magnete.

A section view of the engine, with a detail of the positive displacement compressor applied to improve thermodynamic yield. It features a gear transmission and a 2-speed gearbox. Notice the magnetic ignition system.

Studio per una trasmissione con cambio graduale a comando manuale.

Design study for a sequential manual transmission.

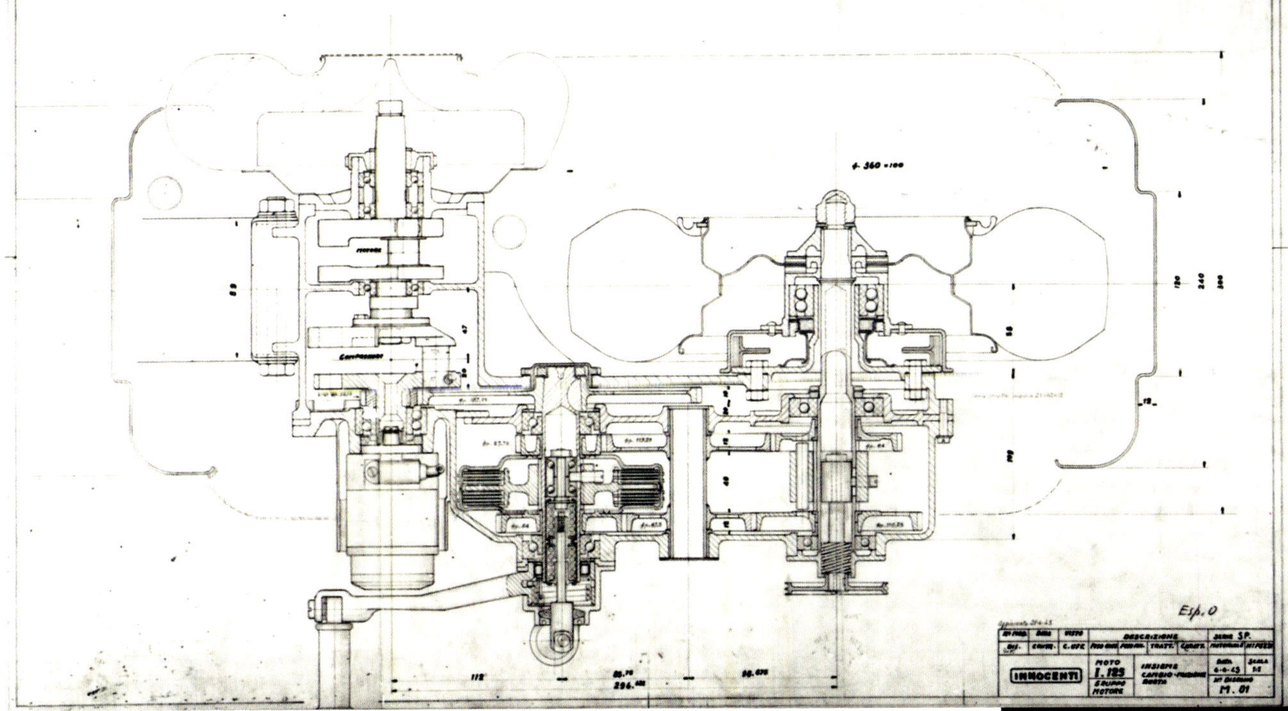

1945: disegno del nuovo progetto firmato dall'Ing. Torre; la linea si avvicina a quella che sarà propria della nuova Lambretta 125 m.

1945: a technical drawing of the new project signed by Torre; the line is similar to that of the future Lambretta 125 m.

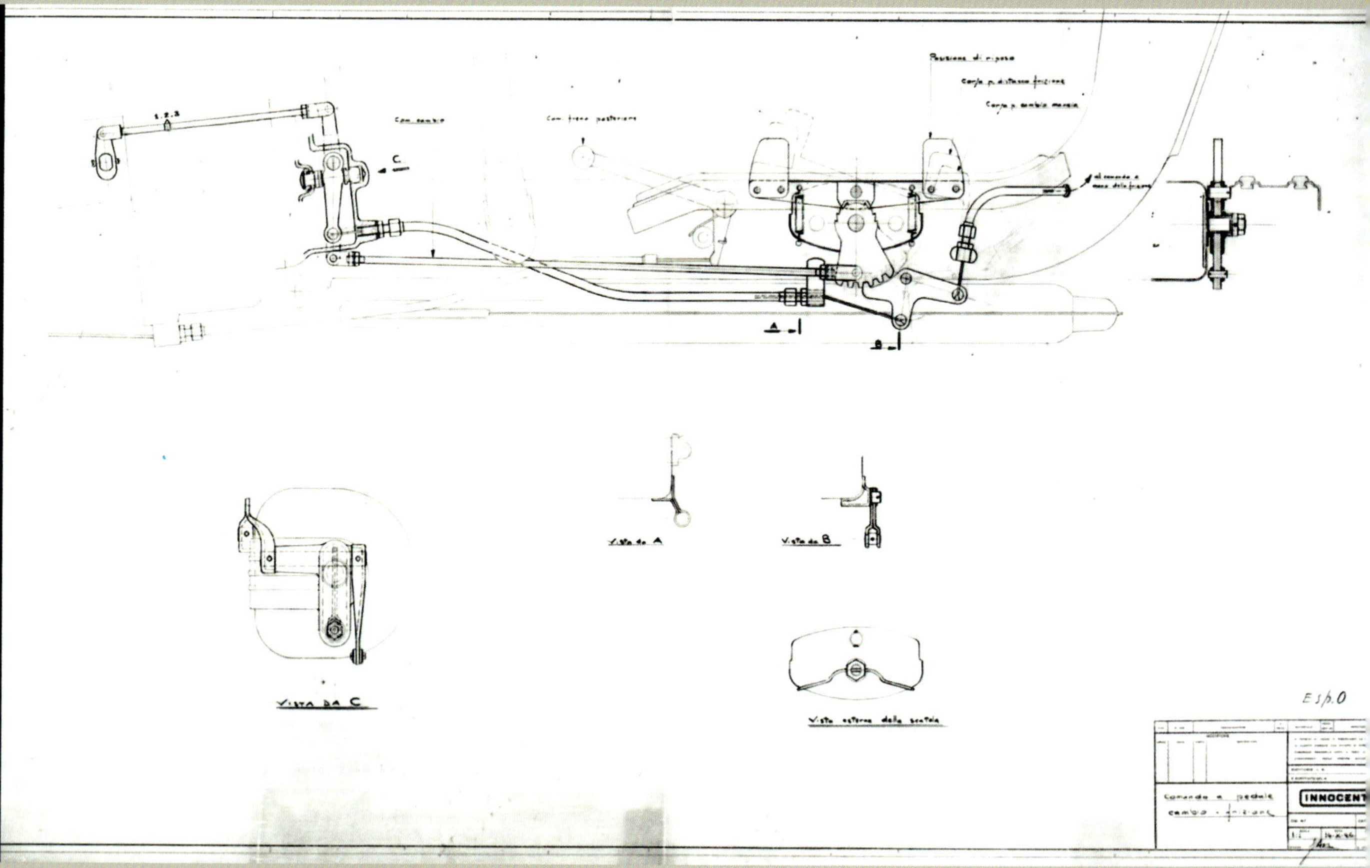

Particolare del comando cambio della 3ª versione quasi definitiva. Il cavo dalla frizione comanda un ingranaggio che blocca le marce se non viene disinnestata la frizione. Una sicurezza adottata anche sulle primissime Lambretta 125 m prodotte. Notare che si parla ancora di esperimento "0" e siamo già al 14/10/1946.

Detail of the gearbox for the quasi-final 3rd version. The clutch cable controls a locking gear which is unlocked by the clutch. This safety feature was also applied to the very first Lambretta 125 m units made. Notice that this was still referred to as the experimental model '0' and it was already 14/10/1946.

i tedeschi, accerchiati da ogni fronte, cercavano invano di ribaltare le sorti di questo scellerato conflitto che aveva già portato alla perdita di milioni di vite umane.

In quel periodo Roma, da poco riconquistata delle truppe alleate, era stata dichiarata "città aperta" e poteva godere di una certa tranquillità sociale.

Nella Capitale d'Italia viveva anche Ferdinando Innocenti, in un importante palazzo del centro, dove dirigeva e amministrava la sua azienda e tutte le filiali sparse sul territorio Italiano.

Eravamo in un periodo delicatissimo per la nostra Italia, con il Paese diviso in due e con una situazione politica assolutamente instabile e poco rassicurante.

Ferdinando Innocenti, uomo di grandi vedute e di intuito eccezionale, pensava già alla ricostruzione

Questo sarebbe il celebre «scooter» LAMBRETTA abbondantemente reclamizzato, specie alla Radio, ma non ancora presentato al pubblico. Di questa macchina la rivista « Motocilismo » ha parlato ripetutamente nelle « ««Notizie Innocenti » fin dal 1945. L'illustrazione l'abbiamo riprodotta da « Interauto », ma qualcuno afferma che il modello definitivo della LAMBRETTA non sia precisamente così. Chi vivrà vedrà!

Il disegno parzialmente realistico pubblicato dalla rivista Motociclismo del 27 febbraio 1947.

The partially realistic drawing published in Motociclismo magazine on 27 February 1947.

I would like to specify that I often read online posts and comments concerning this topic: I advise you to be wary of their contents because, in most cases, they are invented stories without any documented basis and often the result of the imagination of 'improvised wisemen'.

Let us now turn back the clock by a few decades and, more specifically, 1944, when World War II was still tragically underway and the Germans, surrounded on every front, tried in vain to overturn the outcome of an atrocious conflict that had already taken millions of lives.

Around that time, Rome – recently reclaimed by the Allied powers – had been declared an 'open city', and enjoyed a certain level of social steadiness.

The Italian capital was also home to Ferdinando Innocenti. The entrepreneur lived in a majestic downtown building from which he managed his company and all of its branches spread across the Italian territory.

Un giovanissimo Vittorio Tessera insieme a due grandi personalità del mondo Lambretta: Bruno Ferrario, al centro e, a sinistra, Giorgio Mazzilli, disegnatore della serie LI e poi famoso produttore di motociclette da regolarità.

A very young Vittorio Tessera with two great personalities of the Lambretta world: Bruno Ferrario (centre) and Giorgio Mazzilli (left), the designer of the LI series and, later, a famous endurance motorcycle manufacturer.

La pubblicità del nuovo marchio sulla rivista VIA! dell'Automobile Club di Milano, alla metà del 1947.

The mid-1947 advertisement for the new brand on VIA!, the official magazine of the Milan Automobile Club.

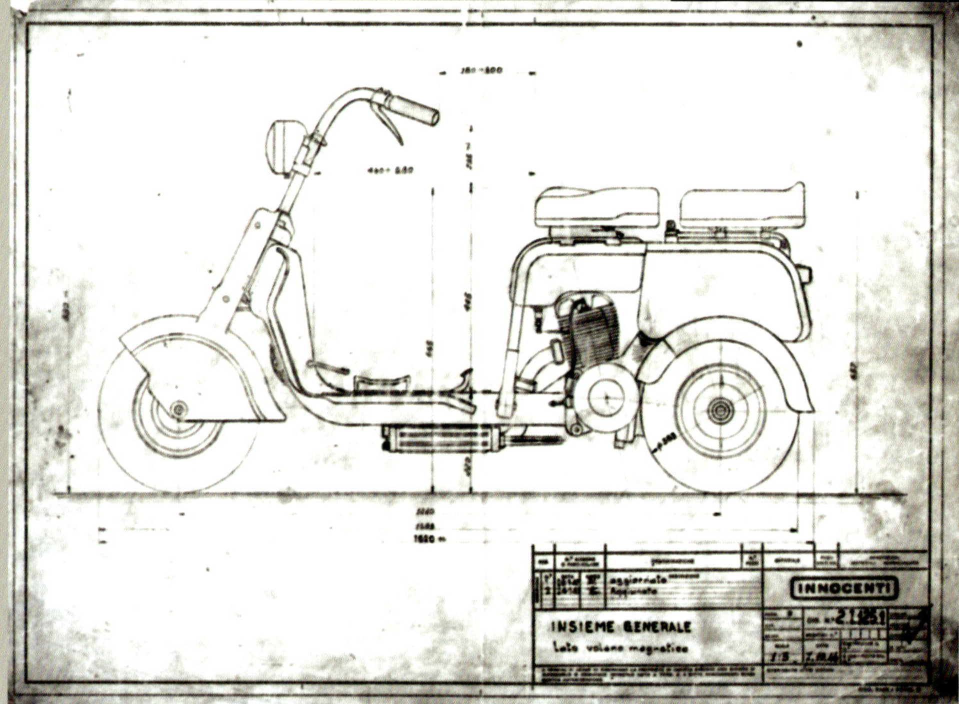

Uno dei primissimi prospetti di insieme della Lambretta 125 m. Siamo al 7/10/1946 e il nome Lambretta non compare ancora nel disegno.

One of the very first perspective drawings of the Lambretta 125 m. It was 7/10/1946 and the name Lambretta still didn't appear in the drawing.

dell'Italia e al futuro delle sue aziende tanto da iniziare a redigere un programma produttivo da sviluppare al termine del conflitto:

1) Studio e sviluppo dei processi di sinterizzazione dei materiali per poter produrre particolari meccanici a prezzi economici.
2) Ampliamento dell'offerta per lo sviluppo della tecnologia per la produzione e l'applicazione del tubo d'acciaio nell'Industria.
3) Studio e sviluppo di una motocicletta dal prezzo popolare, per risolvere il problema della mobilità individuale.

Se per i primi due punti la sua grande esperienza nel campo industriale gli consentiva di gestire con facilità l'ambizioso programma, per la motocicletta non aveva alcuna conoscenza del settore e così si mise alla ricerca di qualcuno che potesse sviluppare il progetto. Roma non era certo una realtà industriale nel campo della motorizzazione, tutte le più blasonate fabbriche di motoveicoli erano al Nord e i loro ingegneri erano

Due rarissime immagini originali del prototipo definitivo in legno della 125 m.

Two extremely rare original images of the definitive wooden prototype of the 125 m.

MI
20964

La sala dei ricordi, nello stabilimento Innocenti, dove era esposto il prototipo in legno costruito a Roma nel 1945.

The memento room at the Innocenti headquarters, also featuring the wooden prototype made in Rome in 1945.

L'unica foto esistente del prototipo 125 m durante le ultime fasi di collaudo prima della produzione di serie; notare il parafango anteriore più corto rispetto a quello di serie e il particolare supporto a slitta della sella anteriore. Questa preziosa immagine è stata scattata davanti alla casa del collaudatore, che era andato da sua moglie a farle vedere il nuovo scooter Innocenti.

The only existing photograph of the 125 m during the final testing phase before production; notice the front mudguard, which was shorter than the one found on the production vehicle, and the special slide-in front saddle support. This precious photograph was taken in front of the test driver's house: he had driven to his wife to show her the new Innocenti scooter.

già al lavoro per sviluppare i nuovi modelli da promuovere alla fine della guerra.

Pensò così di rivolgersi a un ingegnere del settore aereonautico della Caproni, in quel momento parzialmente dismessa dopo l'Armistizio del 1943.

Venne interpellato l'Ing. Cesare Pallavicino, al quale Innocenti propose di sviluppare il nuovo e interessante progetto.

Per Pallavicino era un'offerta che non si poteva rifiutare, era stato appena licenziato dalla Caproni insieme ai suoi due tecnici, Ferrario e Bonetti, e un lavoro sicuro era certamente quello che più desiderava per lui e per i suoi validi collaboratori.

Salone di Parigi del 4 ottobre 1947: finalmente la Lambretta è in bella mostra nello stand Innocenti per essere ammirata dal pubblico francese.

Paris Motor Show, 4 October 1947: the Lambretta was finally on display at the Innocenti stand to be admired by the French visitors.

It was an extremely delicate time for our nation: it was split in half, with a severely unstable and discomforting political situation.

Innocenti, a broadminded man with an excellent insight, was already thinking of the reconstruction of Italy and the future of his firms; so much so that he began to draft a business plan to develop from the end of the conflict:

1) Design and development of material sintering processes to manufacture mechanical parts at a low cost.

2) Increase in supply to trigger technological development and the application of steel tubing in the industry.

3) Design and development of a motorcycle at an accessible price to solve the private transport issue.

Whilst his long experience in the industrial sector allowed him to easily manage the ambitious plan, he had no knowledge of motorcycles, and thus began to look for somebody who could develop the project. Rome was certainly not at the forefront of the motoring sector. All of the most decorated motorcycle firms were in the North, and their designers were already at work to develop new models to promote at the end of the war.

Innocenti thus chose to contact a designer in the aeronautical firm Caproni, partially neglected at that time after the 1943 armistice.

The designer to whom Innocenti proposed the new and interesting project was called Cesare Pallavicino. It was an offer that Pallavicino, recently fired by Caproni along with the two members of his technical staff – Ferrario and Bonetti – could not refuse. A stable job was certainly what he and his valuable partners wanted most.

But let us leave the floor to Bruno Ferrario, a Caproni Aeronautica di Roma employee from 1929 to 1943, who told me about this incredible experience in person:

'Midway through 1944, I had been fired by Caproni

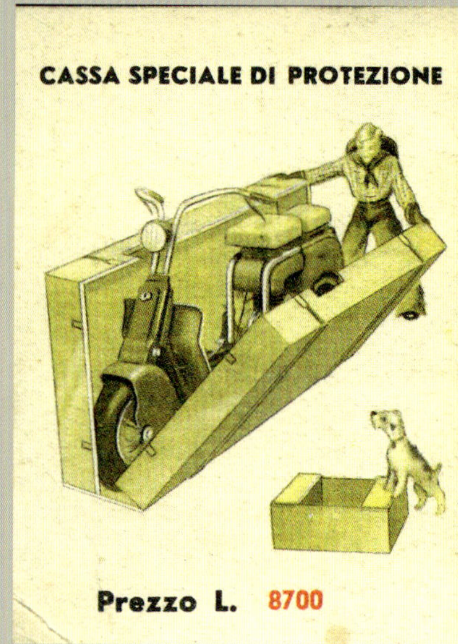

CASSA SPECIALE DI PROTEZIONE

Prezzo L. 8700

N. 1 **Listino Prezzi** 15 Luglio 1947

MOTOR - SCOOTER	Lambretta 125m	L.	135.000
MOTOFURGOCINO (escluso la carrozzeria)	Lambretta 125f	L.	=

Le quotazioni dei motofurgoncini LAMBRETTA verranno precisate col prossimo listino

CARROZZERIA PER MOTOFURGONCINO

Tipo	A	B	C	D
L.	=	=	=	=

ACCESSORI

Sellino posteriore L. 4750 Parabrezza in plexiglas L. 4700

Resa franco Stabilimenti INNOCENTI Milano, imballo escluso.

Pagamento L. 50.000 all'ordine, saldo all'approntamento della macchina.

Il primo listino prezzi della Lambretta 125 m: siamo nel luglio del 1947, ben tre mesi prima dell'entrata in produzione definitiva.

The first Lambretta 125 m price list: it was July 1947, a whole three months before official production began.

Ma lasciamo la parola a Bruno Ferrario, che fu dipendente della Caproni Aeronautica di Roma dal 1929 al 1943 e che mi raccontò personalmente quella incredibile esperienza:

«A metà del 1944 ero appena stato licenziato dalla Caproni insieme all'amico Bonetti e l'Ing. Pallavicino: eravamo tutti e tre alla ricerca di un nuovo posto di lavoro ma la situazione era decisamente molto difficile e soldi ne giravano davvero pochi. Un bel giorno, e che bel giorno, l'Ing Pallavicino mi comunicò che era stato appena contattato da un ricco industriale di nome Innocenti che aveva 700 milioni di lire da investire nel progetto di una motocicletta economica da produrre appena sarebbe terminata la guerra.

DOMANDE TECNICHE

26. D. : Da che cosa trae origine il nome LAMBRETTA ?
R. : Da Lambro, fiumicello della Brianza che, passando alla periferia di Milano, dà nome alla zona di Lambrate.

27. D. : Quale è il significato della sigla LI con cui è battezzata la nuova Lambretta 150 ?
R. : La "L" significa "lusso" e la "I" determina il tipo della Lambretta secondo la progressione alfabetica

28. D. : Di che misura erano i pneumatici della Lambretta tipo A ?
R. : 3,50 x 7

29. D. : Di che misura sono i pneumatici della Lambretta LI ?
R. : 3,50 x 10

30. D. : Quante marce aveva la Lambretta tipo A ?
R. : 3

31. D. : Quante marce ha la Lambretta tipo LD 150 ?
R. : 3

32. D. : Quante marce ha la Lambretta" tipo LI 150 ?
R. : 4

Divertente gioco a quiz redatto dalla Innocenti per i Lambretta Club d'Italia dove si può comprendere il perché del nome Lambretta.

A curious quiz created by Innocenti for the Italian Lambretta Clubs; it gives us a hint of the origin of 'Lambretta'.

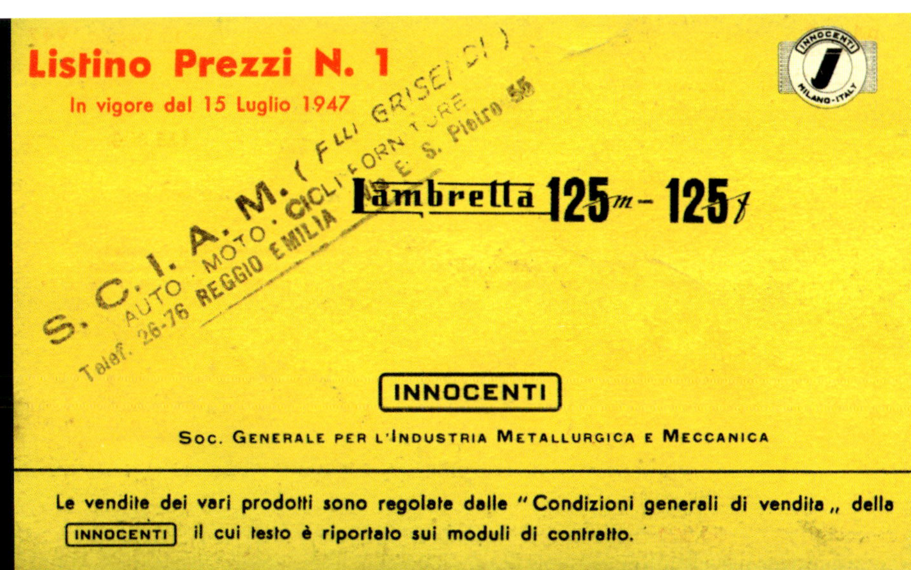

Estratto dal testo di copertina del Notiziario Lambretta n. 4 del 1949 dove si spiega l'origine del nome.

An excerpt from the cover of Notiziario Lambretta, issue 4, 1949, where the origin of the name is explained.

I milanesi dissero: « Sta a Lambrate la Innocenti, giusto Lambretta ». Ma gli altri non sapevano e tanto meno potevano pensare che Lambretta è il quarto nome disseminato da un piccolo corso d'acqua lungo il suo andare tipicamente vagabondo, un fiume senza letteratura, senza poeti, senza leggende, senza battaglie, che persino la Treccani si era dimenticata che esistesse, ed ha colmato la lacuna in appendice. Si chiama Lambro questo fiume, nasce al Pian del Rancio in Valassina, e si butta, dopo un seguito di capricci torrentizi, nel lago di Pusiano, il « vago Eupili mio » del Parini che nacque sulle sue rive, e così chiamato anche da Plinio il Giovane. Di qui il fiume esce rac-

along with my friend Bonetti and the head designer Pallavicino. We were all looking for new jobs but the going was tough and there was truly little money around. On a sunny day – what a day! – Pallavicino told me that he had just been contacted by a rich businessman called Innocenti who had 700 million lire to invest in the design of an affordable motorbike to enter production as soon as the war was over.
None of us had the slightest technical knowledge in this field – we had always worked in the aeronautical sector – but work is work and we would accept any offer at that time!
I started to walk around Rome to see what kind of motorcycles there were in the city and what their future could be. They were mostly gigantic and expensive American vehicles.
We thus thought that we would make a small, super-simple and inexpensive 100/125-cc motorcycle with an easily manufactured backbone frame.
We prepared six sheets with various sketches of the vehicle and its construction details. We presented them, emotionally, to Ferdinando Innocenti. Our design had hit the target and we were immediately hired part-time, for 5000 lire a month. On 2 September 1944!
Since we did not have our own workshop, Mr. Innocenti made available the ground floor of his building in Via Regina Elena, where he lived on the first floor in a large, well-lit flat.
We thus began designing the new Innocenti motorcycle, distinguished by an original style and a full fairing.
As for the engine, we opted for a rather traditional unit derived from Villiers-type vehicles, with a chain transmission and natural aspiration.

Un rarissimo motore sezionato originale Innocenti. Si può vedere chiaramente la coppia conica posteriore con il pignone montato sul retro della coda.

An ultra-rare section of the original Innocenti engine. The rear bevel gear with the pinion attached to the tail stands out.

La targhetta del "Commissionario" era stata studiata dalla Innocenti e doveva essere uguale per tutti i negozi Lambretta.

The 'Commissionario' plate was developed by Innocenti and had to be the same for all Lambretta dealerships.

Nessuno di noi tre aveva la minima conoscenza tecnica in questo campo, avendo sempre lavorato nel settore aeronautico, ma il lavoro è lavoro e qualsiasi cosa ci sarebbe andata bene.
Cominciai a girare per Roma per vedere quale tipo di motociclette utilizzavano in città e quale poteva essere il loro futuro. In pratica c'erano in prevalenza moto americane, mastodontiche e di certo molto costose.
Pensammo allora di realizzare un piccolo ciclomotore

Il primo cartello dei commissionari Lambretta non era smaltato ma serigrafato; oggi è un oggetto rarissimo e particolarmente caro.

The first sign for Lambretta 'commissioners' was not enamelled but printed: it is a very rare and especially valuable object today.

INNOCENTI

Soc. Generale per l'Industria Metallurgica e Meccanica

Soc. per Azioni - Cap. L. 100.000.000

MILANO
Via Pitteri, 81

Telegrammi: INNOCENFER
Codici A. B. C. 5ª Ediz.
Telefoni N. 293381 - 6 linee
C.P.C. Milano N. 193766

Sig. Barone GIOVANNI CORSI
R O M A = via E. Manfredi, 11

Sezione Motori	Data
Rif. Tn/34.156	18.3.1947

Da citare nella risposta

Motor-scooters e motofurgoncini "Lambretta"

La ns. Sede di Roma ci segnala il Vs. cortese interessamento alla ns. produzione di motoveicoli.

Entro breve tempo sarà affidato ad una apposita organizzazione della Vs. zona l'incarico di prendere contatto con tutti coloro che si sono interessati a questa ns. attività. Segnaleremo pertanto a detta organizzazione il pregiato Vs. indirizzo affinché la Vs. richiesta di informazioni e dettagli venga ampiamente soddisfatta.

Contiamo inoltre di inviarVi, fra breve, un opuscolo illustrante in modo esauriente i motor-scooters ed i motofurgoncini "Lambretta".

Nella speranza di poterVi annoverare fra i ns. clienti, Vi ringraziamo nuovamente e Vi porgiamo i più distinti saluti.

I n n o c e n t i S.G.

Lettera di risposta a una richiesta di acquisto della futura Lambretta; è datata 18-3-1947, quando ancora era ben lontana la produzione. Notare che nella lettera si promette l'invio di una brochure che non era ancora disponibile.

A letter in reply to a request to purchase a future Lambretta: it is dated 18/03/1947, when production was still far from starting. Notice that, in the letter, the manufacturer promised to send a brochure – which was still unavailable.

Unfortunately, after only three months, Pallavicino decided to move to Argentina to pursue his career in the aeronautical sector. Innocenti hired Torre, an air force general and famed designer, to replace him. We completely revolutionised Pallavicino's initial design, drawing inspiration from US scooters, which were quite popular in the distant nation as early as the 1930s and had come to Italy thanks to the Allied troops.

Mr. Innocenti was by our side throughout the entire design and development phase. He followed us step-by-step and often gave his opinion on the designs and possible solutions. He wanted me to draw thin lines and that every detail was defined with meticulous care, even if it meant a higher final price. I do not know why, but he loved the raganella ('frog-style') mechanical horn and forced us to use it instead of the more reliable electric horn, that had

di 100/125 cc, semplicissimo e super economico, con un telaio a trave di facile costruzione.
Preparammo sei tavole con diversi schizzi del veicolo e dei suoi particolari costruttivi e le presentammo, con emozione, a Ferdinando Innocenti. Fu un grande successo, il nostro progetto aveva colpito nel segno e venimmo subito assunti a mezza giornata, per 5.000 lire al mese. Era il 2 settembre 1944!
Non avendo un nostro spazio per lavorare, il Sig. Innocenti ci mise a disposizione il piano terra della sua palazzina in Via Regina Elena, dove viveva al primo piano, in un grande e luminoso appartamento.
Iniziammo così a progettare il nuovo motoveicolo Innocenti, seguendo uno stile originale con una carenatura completamente integrale.
Per il motore si pensò a una scelta molto tradizionale con una unità derivata dalle motociclette tipo Villiers, con la trasmissione a catena e raffreddamento ad aria naturale.
Purtroppo, dopo soli tre mesi, l'Ing. Pallavicino preferì trasferirsi in Argentina per continuare al sua attività in campo aeronautico e al suo posto venne assunto l'Ing Torre, generale dell'aeronautica e progettista di grande fama.
Rispetto alle idee iniziali di Pallavicino il progetto venne completamente stravolto e si preferì ispirarsi agli scooter americani, molto popolari in quel Paese lontano, già dalla metà degli anni'30 e giunti in Italia al seguito delle truppe alleate.
Durante tutto il lavoro di disegno e sviluppo del progetto il Sig. Innocenti era sempre con noi, ci seguiva passo a passo e interveniva spesso sui disegni e sulle possibili soluzioni. Gli piaceva che disegnassi linee molto sottili e che fosse tutto curato alla perfezione, ogni dettaglio doveva essere sviluppato nel migliore dei modi, anche a costo di un aumento del prezzo finale. Non so per quale ragione, ma gli piaceva moltissimo il claxon meccanico a raganella e ci impose di montarlo al posto del più affidabile modello elettrico, già in uso da diversi anni sulle motociclette di ogni cilindrata.
Quando preparavamo un nuovo particolare, ad esempio le manopole, dovevamo costruire tre o quattro modelli diversi in gesso da mostrare a Innocenti, che poi sceglieva il tipo che più gli piaceva. Spesso interveniva personalmente per modificare il particolare e renderlo più vicino ai suoi gusti.
Grazie all'aiuto di mio suocero, che lavorava all'Università di Roma, riuscimmo a realizzare il primo prototipo definitivo in legno; finalmente il nostro lavoro fu premiato dalla soddisfazione di Innocenti nel vedere il risultato finale.
Infine, nel luglio del 1946, riuscimmo a trasferirci a Milano nello stabilimento Innocenti G2 per iniziare lo sviluppo finale del progetto e l'allestimento della catena di montaggio.
Purtroppo lo stabilimento era in pessime condizioni, i bombardamenti alleati del 1943 e 1944 avevano distrutto buona parte dei fabbricati e l'occupazione alleata del 1945/1946 aveva fatto il resto.
Fu un duro lavoro rimettere in piedi una fabbrica, praticamente da zero, ma alla fine riuscimmo a ricostruire il tutto e nell'ottobre del 1947 le prime 22 Lambretta 125 m uscirono dallo stabilimento di Lambrate. Era l'inizio di una grande storia, a cui ho modestamente contribuito anch'io con il mio lavoro e con il mio entusiasmo!».
Questa intervista la feci molti anni fa con il direttore di *Motociclismo* Carlo Perelli. Fu un'esperienza unica e indescrivibile sentire la storia della nascita della Lambretta direttamente da chi l'aveva disegnata e costruita. Ferrario era un uomo eccezionale, dotato di quella genialità tipica di noi italiani e che ancora oggi ci viene riconosciuta da tutto il mondo.
Il lungo e complesso lavoro di Ferrario e dei suoi collaboratori mise in seria difficoltà l'ufficio commerciale della Innocenti; la Vespa era già sul mercato da più di un anno e cominciava a vendere con numeri decisamente importanti. Si pensò, quindi, di accelerare la promozione del nuovo prodotto, benché non fosse ancora pronto per essere commercializzato.

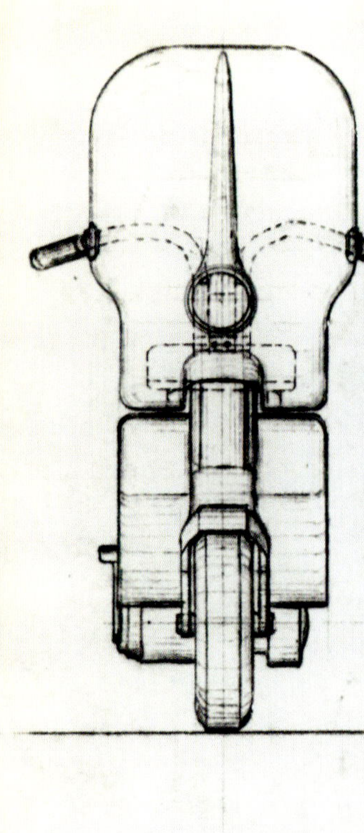

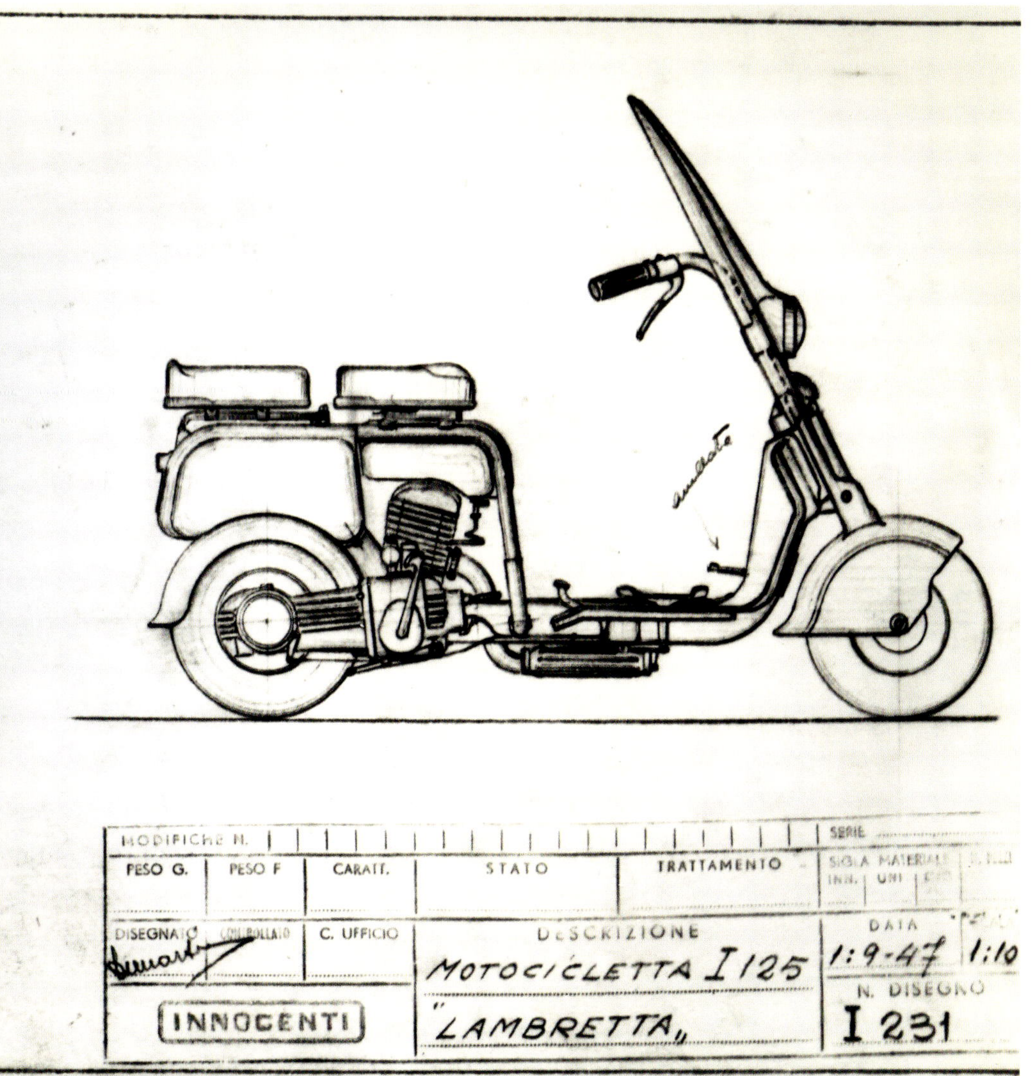

Disegno quasi definitivo della 125 m datato 1-9-1947. Oramai la Lambretta è pronta per iniziare la sua lunga storia, in giro per tutto il mondo!

Semi-final drawing of the 125 m (1-9-1947). The Lambretta was now ready to start its long history all around the world!

already been mounted on motorbikes of any size for years.

Whenever we designed a new part, such as the handles, we would manufacture three or four different clay models to show Innocenti, who then chose the type he preferred. He often personally intervened to adjust the parts to his taste.

Thanks to my father-in-law, who worked at the University of Rome, we managed to make the first definitive wooden prototype: our work was finally rewarded with Innocenti's satisfaction as he saw the end result.

In July 1946 we could finally move to Milan, at the Innocenti G2 factory, to begin the final development phase and set up the production line.

Unfortunately, the plant was in terrible condition. Bombing by the Allies in 1943 and 1944 had destroyed most of the facilities, and the occupation by the same forces in 1945/1946 had done the rest.

It was hard work to put a factory back together from scratch, essentially, but we managed to rebuild it and, in October 1947, the first 22 units of the Lambretta 125 m buzzed out of the plant in Lambrate (Milan). It was the start of a great history, which – in all modesty – I contributed to with my work and enthusiasm!'

I did this interview many years ago with the director of Motociclismo magazine Carlo Perelli. It was a unique and indescribable experience to hear the story of the Lambretta's birth directly from he who had designed and manufactured it. Ferrario was an exceptional man, boasting the trademark genius of us Italians that is, still today, appreciated worldwide.

The long and complex work of Ferrario and his partners seriously put the Innocenti sales office to the test. The Vespa had already been on the market for over a year and was starting to sell in more than significant numbers. We thus thought about accelerating the promotion of the new product, despite it still not being ready to be marketed.

We set up a vast advertisement campaign in the papers, promoting the possibility of booking a Lambretta by making a 5000 lire down payment, granting the purchaser one of the first units manufactured.

Moreover, starting in February 1947, a daily radio ad named 'It's 8:35 p.m.: it's Lambretta time!' was broadcast. I could be wrong, but I believe that this idea was brand-new in the motoring world – copied, later, by companies in the field with a much bigger name than the little Innocenti.

Venne impostata una vasta campagna pubblicitaria sui giornali con la possibilità di prenotare la Lambretta versando una quota di 5.000 lire come acconto per potersi garantire l'acquisto dei primi esemplari prodotti.
Inoltre, già dal febbraio 1947, venne diffuso giornalmente un comunicato radiofonico dal titolo "Sono le 20 e 35 è l'ora della Lambretta!"; credo di non sbagliare nel dire che questa idea fu sicuramente una novità in campo motoristico che sarà poi copiata da altre aziende del settore, ben più blasonate rispetto alla piccola Innocenti.
È interessante notare che sulle riviste della metà del 1947 si pensò anche di divulgare la pubblicità del nuovo marchio del motoscooter senza far vedere il modello (anche perché non era ancora pronto), creando un clima di attesa e curiosità che aveva suscitato grande interesse da parte del pubblico, sempre alla ricerca di un mezzo di trasporto economico per potersi muovere in quei difficili momenti e in un'Italia martoriata.
L'ufficio commerciale fu troppo ottimista riguardo l'avvio della produzione e il grave ritardo delle consegne creò spiacevoli malumori tra i potenziali clienti che avevano versato l'acconto per prenotare lo scooter. Molti cominciavano ad avere dubbi sull'effettiva consegna della Lambretta e chiesero la restituzione della cifra versata; il tempo passava e della Lambretta non si vedeva la ben che minima foto o un modello da vedere o toccare con mano.
Si pensò, quindi, di realizzare una bella brochure di sei pagine, tutta a colori, per invogliare i futuri clienti. Lo scooter non era ancora pronto e per realizzare questa pubblicità vennero fatti alcuni disegni da un prototipo in legno del tutto non funzionante. Ma almeno si poteva vedere come sarebbe stato il nuovissimo mezzo di trasporto prodotto dalla Innocenti.
Anche la rivista *Motociclismo* venne subissata di richieste per sapere come sarebbe stato il nuovo scooter Lambretta e, nel febbraio 1947, pubblicò un

Tre belle Lambretta 125 m negli allestimenti più in voga in quel periodo: standard classica per un cliente tradizionale, modificata sport per lo scooterista più esigente, con sidecar per tutta la famiglia.

Three pretty examples of the Lambretta 125 m in the most sought setups of that time: standard/classic for the traditionalists, a sports version for more demanding scooter drivers, and a sidecar version for families.

disegno molto schematico di come avrebbe dovuto essere; non era certo un bozzetto molto realistico e, in alcune parti, era davvero "inventato", però bastò per calmare un poco gli animi dei lettori più curiosi e interessati al nuovo motoscooter.
Verso la fine dell'estate venne terminato un primo esemplare per le prove tecniche su strada; ma a chi far provare il nuovo scooter?
Si pensò di chiedere al Moto Club Lombardo se ci fosse qualche valido e esperto motociclista che si rendesse disponibile per testare la Lambretta.
Venne così assunto uno dei più stimati soci del Club che si mise subito all'opera con diversi test in città e nelle Prealpi lombarde. Ma la sorpresa più grande l'ho avuta quando suo figlio mi venne a trovare qualche anno fa portandomi delle foto che suo padre aveva conservato in casa per più di settant'anni. Fu una emozione indescrivibile vedere per la prima volta le foto del primo prototipo Lambretta funzionante "in carne e ossa!". Erano foto uniche e preziose e ancora oggi sento il dovere di ringraziare questa persona che ci ha dato la possibilità di conoscere ancor meglio l'inizio della grande storia della Lambretta.
Finalmente, nell'ottobre del 1947, i primi esemplari definitivi vennero assemblati a mano e subito inviati ai commissionari più importati e alle fiere motoristiche del settore.
La prima in assoluto che tenne a battesimo la nuovissima Lambretta fu il Salone di Parigi del 4 ottobre 1947 dove, in un piccolo stand, fu esposto un solo modello di colore presumibilmente verde, accessoriato con il bellissimo parabrezza in plexiglas.
Di questa primizia abbiamo solo una foto ripresa da una rivista in cui si vede chiaramente che si tratta di un modello preserie ancora con le guaine che passano sopra il claxon; inoltre il parabrezza è fissato con due morsetti all'esterno del bordo mentre sui modelli di serie sarà fissato con supporti elastici all'interno della bordatura.

Finalmente anche le ragazze potevano usare il loro mezzo di trasporto individuale: la Lambretta!

Finally, even young women could use their private mode of transport: the Lambretta!

La produzione dei primi mesi andò molto a rilento perché la catena di montaggio, fortemente voluta da Innocenti, non era ancora pronta e quindi ci si era dovuti arrangiare con assemblaggi manuali a ritmi ridotti.
Mi piace ricordare che la Lambretta è stato il primo motoveicolo italiano ad essere prodotto in catena di montaggio, un'altra importante primizia dello stabilimento Innocenti.

It is interesting to notice that the 1947 magazine advertisements also promoted the new scooter brand without showing the model (also because it was still not ready!), creating expectation and curiosity as well as great interest by the general public, always seeking an affordable mode of transportation at such a difficult time and in a war-torn country.

The business department was much too optimistic in terms of the product launch, and the serious shipping delays caused discomfort among the potential customers who had made the down payment. Many of them started to have doubts about the actual delivery of their motorbikes and asked for refunds. Time went by and nobody was seeing the slightest sign of a photograph or model of a Lambretta to touch with their hands.

The company thus created a pretty 6-page brochure in colour to allure future clients. The scooter was, in fact, still not ready, and all the designers had to make the brochure were some sketches of a wooden, not fully functioning, prototype. But, at least, people could see what the new mode of transport made by Innocenti would be like.

Even Motociclismo magazine was inundated with requests to know the features of the new Lambretta scooter and, in February 1947, it published a very simple drawing of the bike. It was certainly a rough sketch and, as far as some components go, it was truly 'invented'. Still, it was sufficient to calm the spirits of the most curious readers.

Towards the end of the summer, a first piece to perform technical road testing was completed. But who would test the new scooter?

Management asked Moto Club Lombardo if they had a valid and expert rider to test the Lambretta.

It thus hired one of the most esteemed members of the Club who immediately started testing the vehicle in the city and in the Lombard Prealps. The greatest surprise came from his son a few years ago: he brought me the photographs that his father had stored at home for over 70 years. It was an indescribable feeling to see the first functioning Lambretta prototype 'in the flesh'! They are unique and precious pictures and, to this day, I feel the need to thank this person who made me know the beginnings of the Lambretta's immense history even better.

Finally, in October 1947, the first definitive units were assembled by hand and immediately sent to the most prominent 'commissioners' and specific trade shows.

The first to call in the brand-new Lambretta was the Paris Motor Show on 4 October 1947 where, in a little stand, they exhibited a single, presumably green model accessorised with a Plexiglas windshield.

We only have a single photo of this first fruit, found in a magazine from that time. You can clearly notice that it was a pre-production model with the cables passing above the horn. Moreover, the windshield is fixed with two clamps from the outside, whilst the production vehicle would have flexible supports on the inside of the windshield surface.

Production in the first few months was rather sluggish because the production line, strongly desired by Innocenti, was still not prepared and the firm needed to make do with manual assembly at a slow pace.

I like to underline that the Lambretta was the first Italian motor vehicle to be manufactured with a production line system: yet another record in the Innocenti books.

Ma da dove nasce il nome "Lambretta"?

Una domanda che potrebbe essere di facile risposta ma che, invece, è più difficile di quanto sembri.

Innanzitutto dobbiamo toglierci dalla testa tutte le storie che si leggono su internet (anche su Wikipedia) a proposito del famoso designer Oppi che, sulla base di un racconto di suo figlio, dichiarò di aver inventato lui il nome Lambretta mentre si recava allo stabilimento Innocenti per consegnare un pacco di adesivi. A quell'epoca aveva poco più di 14 anni e reputo molto improbabile che un ragazzino di quell'età abbia potuto entrare nel centro studi e parlare con i responsabili tecnici, persino con Ferdinando Innocenti, battezzando poi lui il nuovo scooter...

Gli unici documenti ufficiali che ho potuto trovare sull'origine del nome Lambretta sono nel testo di copertina del *Notiziario Lambretta* del 1949 e nel gioco a quiz che la Innocenti aveva preparato nel 1958 per i Lambretta Club dove, alla domanda numero 26, c'è scritto: «Da cosa trae origine il nome Lambretta»? La risposta era abbastanza ovvia: «da Lambro, fiumicello della Brianza...».

In effetti è poi quello che tutti dicono e ritengono come ipotesi più realistica e credibile; ho però voluto andare più a fondo con le mie ricerche e ho scoperto che nel XIV secolo, alla periferia di Monza, fu realizzata dalla famiglia Visconti una derivazione del fiume Lambro che venne chiamata "Lambretto", *Lambrett* in milanese. Da quel momento questo nomignolo fu utilizzato anche per altre piccole rogge del Lambro ed è molto probabile che qualche dipendente milanese del Centro Studi abbia proposto questo simpatico nome per il futuro scooter Innocenti.

Chiaramente la mia è solo una supposizione perché, come ho già detto, al momento non sono ancora riuscito a trovare alcun documento ufficiale che possa testimoniare con certezza l'origine del nome Lambretta.

Di certo è molto probabile che la data di nascita del nome si possa collocare alla fine 1946 perché, a gennaio 1947, venne realizzato il logo definitivo come da disegno 25-561.

Per concludere questo capitolo ricordo che la Lambretta venne denominata 125 "m" da motorscooter e, solo successivamente, con la nascita della 125 B, fu rinominata 125 "A"; quindi è comunque corretto scrivere una delle due lettere perché sono entrambe ufficiali Innocenti.

Un'altra interessante curiosità era la definizione di "commissionario" e non "concessionario", destinata ai negozi che avrebbero venduto la Lambretta.

Il perché di questa definizione me la diede l'Amministratore delegato della famiglia Innocenti, il dott. Belli, che all'epoca aveva seguito di persona tutta la preparazione per la commercializzazione della Lambretta.

In pratica si era visto che nessun negozio aveva la forza economica di acquistare gli scooter prima di averli venduti e, quindi, si era pensato di darli in conto vendita; con questa soluzione il negoziante non anticipava i soldi ma li consegnava alla Innocenti quando la Lambretta fosse stata venduta. Per questa ragione venne creata la figura del "commissionario" che prendeva appunto una commissione sul venduto.

Nelle pagine seguenti sono analizzati alcuni modelli di periodi diversi. Per cercare di semplificare l'identificazione delle varie versioni, ho pensato di dividere la Lambretta 125 m in 4 modelli distinti: preserie, prima serie, seconda serie, terza serie. È chiaro che queste denominazioni non sono mai state utilizzate dalla Innocenti ma sono state create da me per dare una sequenza costruttiva alla produzione della 125 m.

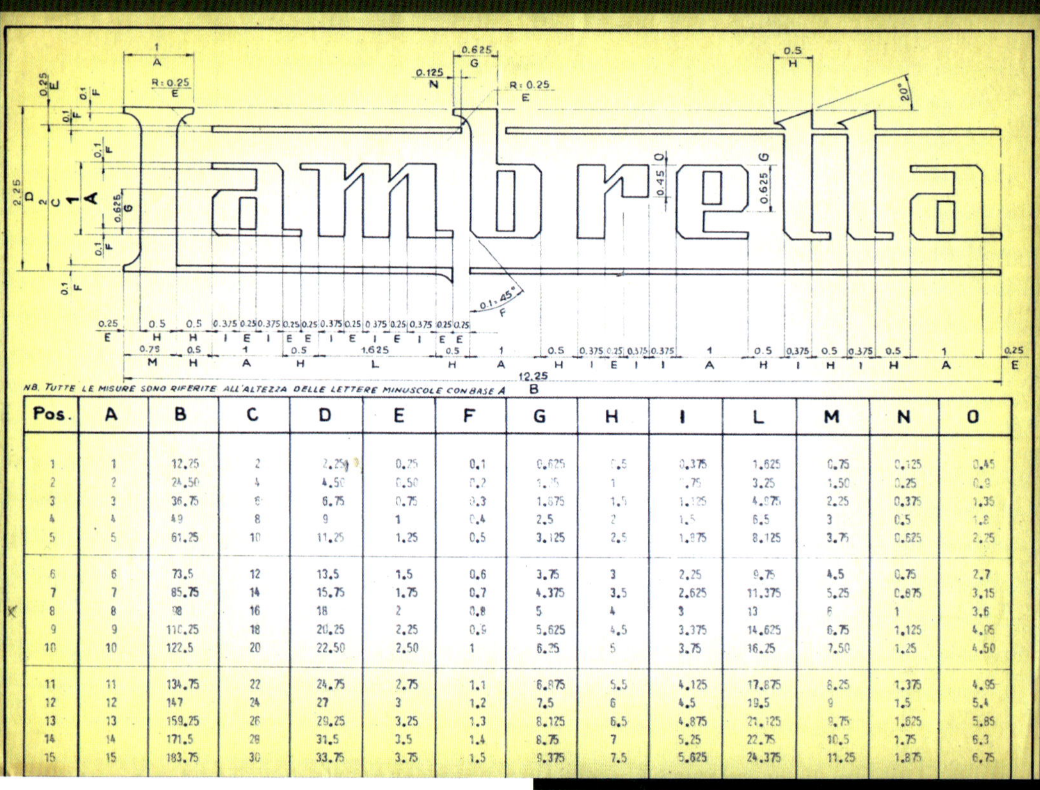

NB. TUTTE LE MISURE SONO RIFERITE ALL'ALTEZZA DELLE LETTERE MINUSCOLE CON BASE A

Pos.	A	B	C	D	E	F	G	H	I	L	M	N	O
1	1	12.25	2	2.25	0.25	0.1	0.625	0.5	0.375	1.625	0.75	0.125	0.45
2	2	24.50	4	4.50	0.50	0.2	1.25	1	0.75	3.25	1.50	0.25	0.9
3	3	36.75	6	6.75	0.75	0.3	1.875	1.5	1.125	4.875	2.25	0.375	1.35
4	4	49	8	9	1	0.4	2.5	2	1.5	6.5	3	0.5	1.8
5	5	61.25	10	11.25	1.25	0.5	3.125	2.5	1.875	8.125	3.75	0.625	2.25
6	6	73.5	12	13.5	1.5	0.6	3.75	3	2.25	9.75	4.5	0.75	2.7
7	7	85.75	14	15.75	1.75	0.7	4.375	3.5	2.625	11.375	5.25	0.875	3.15
8	8	98	16	18	2	0.8	5	4	3	13	6	1	3.6
9	9	110.25	18	20.25	2.25	0.9	5.625	4.5	3.375	14.625	6.75	1.125	4.05
10	10	122.5	20	22.50	2.50	1	6.25	5	3.75	16.25	7.50	1.25	4.50
11	11	134.75	22	24.75	2.75	1.1	6.875	5.5	4.125	17.875	8.25	1.375	4.95
12	12	147	24	27	3	1.2	7.5	6	4.5	19.5	9	1.5	5.4
13	13	159.25	26	29.25	3.25	1.3	8.125	6.5	4.875	21.125	9.75	1.625	5.85
14	14	171.5	28	31.5	3.5	1.4	8.75	7	5.25	22.75	10.5	1.75	6.3
15	15	183.75	30	33.75	3.75	1.5	9.375	7.5	5.625	24.375	11.25	1.875	6.75

So how was the name 'Lambretta' born?

So how was the name 'Lambretta' born? It is harder to answer this question than it seems. First of all, cross out from your head all of the stories you read online (even on Wikipedia) about Oppi, the famous designer who, based on the memories of his son, stated to have invented the name Lambretta as he was driving to the Innocenti headquarters to deliver a pack of stickers. At that time, the man was only 14 years old, and I doubt that a child could simply enter the research centre and speak to the designers, perhaps even with Ferdinando Innocenti himself, and choose the name for a new scooter…

The only official documents I could find on the origins of the name are on the cover of a 1949 Notiziario Lambretta (Lambretta newsletter) and in the 1958 quiz Innocenti had promoted at Lambretta Clubs: question n° 26 stated: 'What does the name Lambretta derive from?' The answer was rather obvious: 'Lambro, the little river in the Brianza area…'

It is, indeed, what everyone says and believes to be the most realistic and credible explanation. Regardless, I wanted to dig deeper and found out that in the 14th century, on the outskirts of Monza, a manmade branch of the River Lambro was created and nicknamed 'Lambretto', or Lambrett in Milanese dialect. From that moment on, the name was also used for other derivations of the Lambro and it is quite likely that a Milanese employee at the Centro Studi (R&D centre) proposed the amusing title for the future Innocenti scooter.

Mine is, evidently, a mere conjecture, because, as stated, I have yet to find an official document certifying the origin of the Lambretta. What is quite likely is that the name was born at the end of 1946, because the final logo – as in drawing 25-561 – was drawn in January 1947.

To conclude this chapter, let me remind you that the Lambretta was called 125 'm' – for 'motor-scooter' – and was renamed 125 'A' at a later stage, with the birth of the 125 B. It is thus correct to write either of the two letters because both are official Innocenti model names.

Another fun fact is the definition of 'commissioner' and not 'dealer' given to the stores selling the Lambretta. Dr. Belli, the CEO of Innocenti, who had followed the entire build-up and marketing of the Lambretta at the time, told me the reason for this. In short, the company had acknowledged that no dealership had the budget to purchase the scooters before they sold them, thus thought that they could give them the vehicles on consignment: the dealer would thus not give Innocenti a down payment, but pay the sum in full once each Lambretta was sold. This is how the figure of 'commissioner' – who was paid, indeed, on commission – came about.

In the following pages, we shall analyse some of the models made in different ages. To simplify the identification of the various versions, I chose to classify the Lambretta 125 into 4 different models: pre-production, 1st series, 2nd series and 3rd series. These categories have clearly never been used by Innocenti but were created by me to systemise the 125 m production timeline.

Disegno originale del primo logo Lambretta datato 27-1-47.

Schema dimensionale della scritta Lambretta con le diverse misure a seconda delle grandezze.

The original drawing of the first-ever Lambretta logo, dated 27/01/47.

The Lambretta logo with the different dimensions, depending on the size.

Lambretta 125 m: un'opera d'arte!

La Lambretta 125 m può essere considerata a tutti gli effetti una vera opera d'arte.

Mai nella storia motociclistica italiana un motoveicolo è stato costruito con la cura maniacale nel dettaglio come la Lambretta: ogni particolare costruttivo è stato progettato e realizzato in maniera originale e assolutamente moderna, tutto doveva essere perfetto, bello da vedere e da toccare.

Per poter apprezzare il grande lavoro fatto dall'Ing. Torre, sotto la supervisione di Ferdinando Innocenti, bisogna guardare la Lambretta da vicino e osservare tutti i particolari che la compongono, la qualità costruttiva, la finitura e il design, incredibilmente innovativo per il periodo in cui fu realizzata.

Un progetto forse anche troppo ambizioso, che mal si sposava con il particolare momento storico in cui la gente desiderava solo un mezzo di trasporto economico per potersi spostare in autonomia, in un Paese distrutto dalla guerra; di certo, il pubblico era poco interessato alle raffinate finiture della Lambretta e forse avrebbe preferito un prezzo d'acquisto più basso, decisamente più alla portata del loro magro portafoglio. Ma Ferdinando Innocenti era un perfezionista, voleva produrre uno scooter eccezionale, unico... e ci riuscì!

Come detto, per comprendere meglio l'incredibile lavoro che hanno fatto gli ingegneri del centro studi Innocenti bisogna osservare la Lambretta in tutti i suoi dettagli costruttivi.

Primo fra tutti il manubrio, che raccoglie al suo interno tutti i cavi di comando e anche l'impianto elettrico; un esempio di pulizia assoluta e di raffinata eleganza. Notare che le manopole, come le altre parti in PVC, erano stampate in colori diversi a seconda di quello della carrozzeria, una ricercatezza assolutamente unica nel suo genere.

Sempre sul manubrio, sul lato sinistro, troviamo il pulsante del lampeggio del faro, un'altra primizia in campo motociclistico.

Il motore è anche lui un oggetto di design: essendo in vista doveva essere bello e così si pensò di

Lambretta 125 m: a work of art!

Il modernissimo parabrezza in plexiglas, un esempio di stile e di grande classe.

The ultra-modern Plexiglas windshield: a prime example of style and class.

La pratica soluzione del fissaggio degli attrezzi sotto lo sportello del bauletto. A fianco, la purezza della ruota con tutti i dadi di forma rotonda e il cerchio cromato a specchio.

The practical idea of the maintenance tools attached to the bottom of the top case lid. Right: the purity of the wheel with all its round bolts and the polished chrome-plated hubcap.

Bella, bellissima, la Lambretta 125 m è stata veramente una innovazione mondiale in campo motociclistico!

Bella, bellissima! The Lambretta 125 m has truly been an innovation in the international motorcycling world.

The Lambretta 125 m may be considered, by all means, a work of art.
Never in Italian motorcycling history has a vehicle been manufactured with such obsessive attention to detail as the Lambretta. Every detail has been designed in an original and absolutely modern fashion: everything had to be perfect and beautiful to see and touch.
To appreciate the hard work done by the mechanical engineer Torre, under the supervision of Ferdinando Innocenti, you need to look at the Lambretta from a close-up and observe each of its details, its construction quality, its finish and its design, which was incredibly innovative for its time.
It was an excessively ambitious project that, perhaps, clashed with the historical period, in which people only asked for an affordable vehicle to move independently in a war-torn country. Needless to say, the people were not quite interested in the refined details of the Lambretta as much as the lowest possible price for their scant funds. Yet, Ferdinando Innocenti was a perfectionist: he wanted to make a high-class, unique scooter... and he did!
As said, to better understand the incredible work of the Innocenti research centre, you need to observe the Lambretta in all of its construction details.
Above all, the handlebar, enclosing all of the cables and even the electrical system: an example of extremely polished design and elegance. Notice that handles, just like the other PVC parts, were made in different colours, matching the body: an example of punctilious care that was absolutely unique in the industry.

verniciarlo in alluminio e di cromare tutti i leveraggi che lo componevano. Inoltre, per renderlo più pulito, si adottarono per la prima volta le viti a brugola, che erano incassate nei carter e rimanevano così nascoste alla vista rendendo il carter motore ancor più elegante e lineare.
Anche le ruote furono progettate con un design originale utilizzando dadi speciali di forma tonda perché Ferdinando non amava gli angoli acuti e preferiva che fosse tutto arrotondato; inoltre, i cerchi cromati davano un tocco ancor più di classe e di raffinatezza.
Guardando attentamente la carrozzeria possiamo inoltre notare che, pur essendo scoperta, ci sono pochissime viti in vista e la maggior parte sono nascoste; un altro esempio della cura maniacale del progetto.
Altra interessante novità fu il posizionamento degli attrezzi di manutenzione sotto lo sportello del bauletto porta oggetti; un'idea semplice e funzionale che però non venne adottata nelle serie successive.
Ma forse, il più innovativo particolare della nuova Lambretta era il bellissimo parabrezza in plexiglas: un oggetto di forma modernissima che ancora oggi non sfigurerebbe su uno scooter contemporaneo. Era un accessorio particolarmente caro e quindi poco diffuso, perché si preferiva montare modelli standard più economici, già presenti sul mercato.

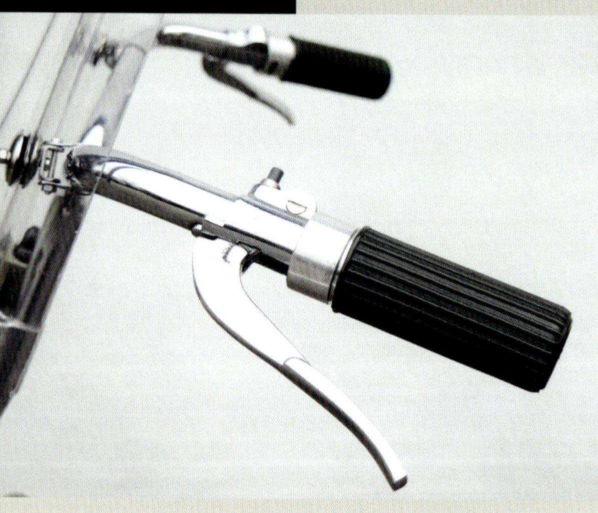

Anche il blocco motore fu studiato per essere raffinato e elegante. Notare le viti a brugola che rimangono incassate nel carter e rendono ancor più pulita la linea del motore.
Sotto, il comando frizione con incorporato il pulsante per il lampeggio; tutti i cavi sono all'interno del tubo del manubrio.

The engine block was also designed to be sophisticated and fancy. Notice the concealed hex socket bolts, making the design even more linear.
Right: the clutch with an embedded flashing light switch. All of the wiring is embedded in the handlebar.

L'elegantissima, ma scomoda, sella quadrata in pelle marrone, tipica della prima serie. Notare la purezza di insieme, non c'è alcuna vite in vista, questo sì che è vero design!

The extremely classy, but uncomfortable, brown leather saddle: a trademark of the first series. Notice how neat the vehicle is all together, with no visible bolts: now that's real design!

In tutta questa modernità l'unico particolare che non era certo innovativo era il claxon a comando meccanico. Questa strana scelta fu voluta da Ferdinando Innocenti in persona che, affascinato dal suono di questi claxon meccanici, aveva imposto ai progettisti di adottarli anche sulla nuova Lambretta.
Tutta questa ricercatezza costruttiva portò la Lambretta a un costo di produzione troppo elevato che, purtroppo, non permetteva un profitto adeguato alla Innocenti. Quindi, già dalla 125 B, si pensò a una riduzione dei costi, economizzando su molte finiture come i comandi sul manubrio e le cromature sul motore.

I colori sulla 125 m erano molto vivaci e accattivanti, rispetto al modesto grigio metallizzato della Vespa 98: Verde, Bluette e Rosso erano i più comuni, mentre il beige non venne particolarmente apprezzato.
Da destra a sinistra: I serie, II serie e III serie.

The colours of the 125 m models are very bright and appealing, as opposed to the modest metallic grey of the Vespa 98: Green, Cornflower Blue and Red were the most common, while Beige wasn't particularly appreciated.
From right to left: 1st, 2nd and 3rd series versions.

The handlebar includes, on the left, the flashing light switch: another innovation in the motorbiking world.
The engine itself is a designer's item. Since it is exposed, it needed to be appealing, thus the designers imposed an aluminium coating and a chrome plating of all its levers. Moreover, to make it 'cleaner', they used – for the first time ever – hex socket bolts, which were enclosed in the engine block, thus hidden and making the unit even more elegant and linear.
The wheels also have an original design: they were equipped with special rounded bolts, because Ferdinando did not like sharp angles. Moreover, the chrome hubcaps gave it an extra touch of class and refinement.
Upon taking a closer look at the chassis, we may notice how, despite being open, there are very few exposed bolts, most of which cannot be seen: yet another example of the designers' obsessive attention.
The tools were placed – another interesting innovation – under the top case door: a simple and functional idea, which was not applied to subsequent series.
But perhaps the most innovative feature of the new Lambretta was the stunning Plexiglas windshield: an object with an ultra-modern shape that, still today, would hold its own on a modern scooter. It was a particularly expensive accessory, thus is hard to find, because customers preferred to use standard, cheaper models existing on the market at the time.
In all of this modernity, the only part that was surely not avant-garde was the mechanical horn. This odd choice was imposed by Ferdinando Innocenti, who was fascinated by the horn's sound and pushed the designers to leave the part unchanged for new Lambrettas.
All in all, the excessive attention to detail made the Lambretta have a much too high production cost that, unfortunately, did not give Innocenti sufficient profit. Therefore, come the 125 B, the company implemented a cost reduction, economising on various parts such as the handlebar switches and the chromed engine.

Lambretta 125 m preserie

Nell'ottobre del 1947 iniziò, finalmente, la produzione della Lambretta 125 m (motoscooter). Dico finalmente perché era da mesi che si annunciava questo importante evento e la clientela cominciava ad avere seri dubbi sulla commercializzazione del nuovo prodotto Innocenti; chissà quante persone, deluse dei continui ritardi, avranno ordinato una Vespa, già sul mercato da più di un anno.

In questo capitolo analizzeremo due delle preserie prodotte nel 1947.

In quell'anno vennero costruiti solo 150 esemplari (più due prima serie), tutti montati a mano in quanto la catena di montaggio non era ancora terminata.

Per la numerazione del telaio e del motore si decise di iniziare dal n. 5.000, forse per dare un segnale che la produzione era già in pieno svolgimento con numeri molto elevati.

Sopra, l'esemplare n. 5.002 fotografato all'interno dello stabilimento per il servizio fotografico apparso sulla rivista *Style Auto*.
A sinistra, nella vista laterale della n. 5.034, si può apprezzare la linea pulita e essenziale della 125 m, una assoluta novità in campo motoristico.

*Above: vehicle n. 5002 as photographed at the factory for a shoot by Style Auto magazine.
Left: in this side view of the n. 5034, you may appreciate the clean and essential line of the 125 m: an absolute innovation in the motoring world.*

Pre-production Lambretta 125 m

Production of the Lambretta 125 m (moto-scooter) finally began in October 1947. I say 'finally', because Innocenti had announced this important event for months, and its clients began to have serious doubts about the actual market entry of the new product. God knows how many people, disappointed by the constant delays, must have ordered a Vespa, which had already been on the market for over a year.
In this chapter, we shall analyse two of the pre-production vehicles made in 1947.
In that year, Innocenti manufactured only 150 units (plus two from the 1st series), all by hand, as the production chain was still incomplete. To number the frame and engine, the company chose to begin with n. 5000, perhaps to send a signal to its clients that production was already in full throttle. The oldest Lambretta in the world today is the n. 5002, on show at the Museo Scooter & Lambretta of Rodano (Milan). The Innocenti family directly delivered this piece to me. It was exhibited at the company's little in-house

Come si trova oggi la n. 5.002, esposta al Museo Scooter&Lambretta di Rodano.

The n. 5002 as it is today, on show at the Museo Scooter & Lambretta of Rodano.

Sempre la 5.002 in una foto d'epoca all'interno del salone di esposizione dello stabilimento; notare che la sella è triangolare e non quadrata. Probabilmente qualche dipendente si sarà accorto dell'errore e avrà sostituito la sella in un secondo tempo.

The 5002 again, in a vintage photo taken at the in-house exhibition room. Notice that the saddle is triangular and not squared. One of the employees is bound to have noticed the mistake and replaced the saddle at a later stage.

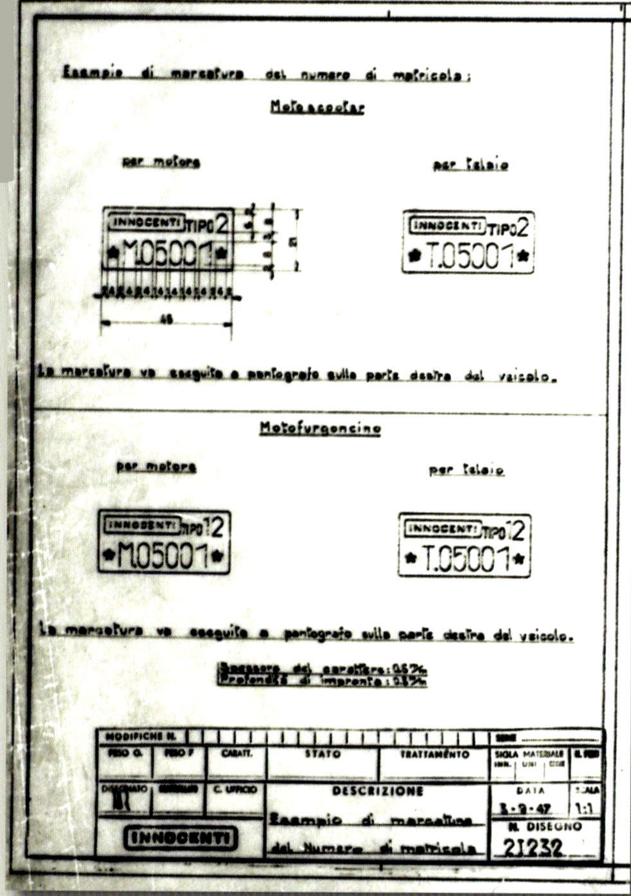

Disegno costruttivo dei caratteri da stampare sul telaio e sul motore. Questo tipo di stampigliatura è stata adottata solo sui primi esemplari prodotti (circa 70/90).

A technical drawing of the characters to engrave on the frame and engine. This type of engraving was only applied to the early vehicles (about 70-90 in total).

Attualmente la Lambretta più vecchia al mondo è la n. 5.002, conservata presso il Museo Scooter & Lambretta di Rodano.

Questo esemplare mi è stato consegnato direttamente dalla famiglia Innocenti ed era quello esposto nel piccolo museo dello stabilimento. Guardandolo con attenzione si può notare che ha diversi particolari che non corrispondono a una tipica preserie, essendo stato restaurato negli anni '60 dal personale Innocenti, in un periodo in cui vi era poca attenzione per l'originalità.

Ho preferito lasciarla come l'ho trovata, con tutti gli errori, perché la sua storia è importante e credo che debba rimanere in queste condizioni, senza nessuna modifica o ulteriore aggiornamento.

Di questo speciale esemplare era stato fatto un interessante servizio fotografico sulla rivista *Style Auto* del febbraio 1968, dove si raccontava la storia della Lambretta e della sua evoluzione.

Sul podio delle tre più vecchie Lambrette attualmente conosciute ci sono la n. 5.002, la n. 5.010, di cui, sfortunatamente, abbiamo solo il motore, e la n. 5.024, di proprietà di un amico di Piacenza.

Ultimamente sono stati ritrovati due esemplari con numeri molto bassi: la n. 5.003 e la n. 5.005. Purtroppo, entrambi i modelli si sono rivelati falsi, probabilmente ripunzonati per essere venduti a un prezzo più alto.

La n. 5.003 non può essere una preserie perché non ha i buchi per le guaine sopra il claxon e ha i registri di fine corsa della leva cambio, quando la preserie aveva una piastrina piegata senza possibilità di regolazione.

Anche la n. 5.005 non può essere una preserie perché la numerazione non è corretta e il carter motore è chiaramente di una 125 m terza serie.

Ricordo agli amici collezionisti di stare molto attenti nell'acquisto di modelli così particolari perché, ultimamente, ci sono commercianti senza scrupoli che modificano i numeri per rendere più appetibile la Lambretta così da venderla a un prezzo molto più alto.

Il motore della 5.010, con gli speciali caratteri che furono utilizzati solo sulle preserie del 1947.

The engine of the n. 5010, with the special characters used only for the 1947 pre-production vehicles.

La numerazione 5.002 presente sulla Lambretta più vecchia al mondo.

Serial number 5002, engraved on the oldest Lambretta in the world.

museum. If you take a close look at it, you may notice how various details do not correspond to a classic pre-production vehicle, as it was restored in the 1960s by Innocenti staff at a time when there was little attention to originality. I preferred to leave it as it was, mistakes and all, because it has an important story and I believe it shall remain in this condition without additional changes or upgrades. Style Auto magazine published an interesting report on this special piece in February 1968, telling its history and evolution.

The podium of the three Lambrettas currently known to exist features n. 5002, n. 5010 – of which, unfortunately, we only have the engine – and n. 5024, owned by a friend in Piacenza.

Two examples with very early serial numbers were recently found: n. 5003 and n. 5005. Alas, they both turned out to be fakes whose serial numbers had likely been re-stamped to sell the vehicles at higher prices. N. 5003 cannot be a pre-production vehicle because it does not have the holes for the cables passing above the horn and has the gear limit screws, whilst the pre-production version had a bent end-of-run plate that could not be adjusted.

Even the n. 5005 cannot be a pre-production bike, since the numbering is incorrect and the crankcase is clearly from a 3rd-series 125 m.

I always tell collectors to beware when purchasing models as special as this one because, lately, there are ruthless dealers around who rig the serial numbers to make their Lambrettas more attractive and sell them at higher prices.

Back to our pre-production Lambretta 125 m, it has many differences from the first series, which I explained in detail in my book Lambretta. Guida

Particolare delle feritoie dove passavano le guaine dei comandi al manubrio.

A detail of the grooves through which the handle control cables pass.

Particolare del bordo del fanalino lucidato, solo nel caso in cui il fanalino fosse fuso in terra e non pressofuso.

Detail of the tail light frame, which was only polished when the part was cast and not die cast.

Le ganasce freno sono in lamiera stampata e hanno i fori per montare i rivetti che fissano il ferodo.

The brake shoes are made of stamped sheet metal and have holes to attach the linings with rivets.

La serratura di blocco per il coperchio bauletto era dotata di chiave perché serviva anche da spegnimento della Lambretta e relativo antifurto.

The top case lock has a key because it is also used to turn off the engine and as a theft-proof system.

Tornando alla nostra Lambretta 125 m preserie, le caratteristiche che la distinguono dalla prima serie sono molte e sono state spiegate in modo dettagliato nel mio libro *Lambretta. Guida illustrata all'Identificazione*. Qui analizzeremo solo le peculiarità più evidenti che riguardano la parte estetica.

La sella quadrata in pelle è di certo una delle caratteristiche più tipiche di tutte le 125 m prima serie, come il claxon a comando meccanico e l'interruttore di spegnimento del motore inserito nella serratura del bauletto posteriore.

Nello specifico, della preserie, abbiamo tre particolari molto interessanti che definiscono con certezza questo modello: le guaine di comando del gas e frizione che passano sopra il claxon in due piccole fessure rettangolari, i tamburi dei freni con il ferodo applicato alle ganasce e i caratteri della numerazione del telaio e del motore completamente differenti dalla successiva produzione in serie.

Per quanto riguarda la carrozzeria, le peculiarità di questi primi modelli riguardano il serbatoio più squadrato, la possibilità di regolazione della durezza della sospensione anteriore (fino al n. 5.500) e il fanalino posteriore fuso in terra con il bordo lucidato.

Il colore disponibile era solo il verde, anche se sulla brochure erano indicate ben sei diverse tonalità.

La Lambretta 125 m verde, fotografata in questo capitolo, è la 5.034. Si tratta di una tipica preserie con il serbatoio squadrato fatto a mano.

È stata oggetto di un restauro molto importante e complesso perché ogni particolare doveva essere assolutamente inerente a questo speciale modello. Il lavoro è durato per più di due anni, ma il risultato finale è davvero eccellente; posso tranquillamente affermare che questa 5.034 è la Lambretta 125 m più perfetta e originale oggi esistente.

Per quanto riguarda la speciale numerazione del telaio e del motore, purtroppo non sono a conoscenza di quando sia stata sostituita in favore di quella più tradizionale a penna elettrica. Attualmente il modello con il numero più alto con la numerazione speciale è la 5.053, poi si passa alla 5.102 che ha già i caratteri a penna elettrica. Sarebbe interessante trovare un esemplare con il numero tra 5.054 e 5.101 per verificare meglio questo importante passaggio.

Stesso discorso vale per i buchi sopra il claxon per far passare le guaine di comando. Al momento non posso precisare quando siano stati eliminati perché non ho ancora trovato nessuna Lambretta 125 m con numero di telaio tra il 5.054 e il 5.150.

Per quanto riguarda i mozzi con il ferodo sulle ganasce, il numero è certo perché è stato dichiarato dalla Innocenti sul catalogo ricambi: dal n. 5.151 i tamburi diventano con il ferodo applicato al mozzo.

Spero in un prossimo futuro di poter ritrovare altre Lambretta preserie per poter conoscere meglio l'evoluzione di questo speciale modello.

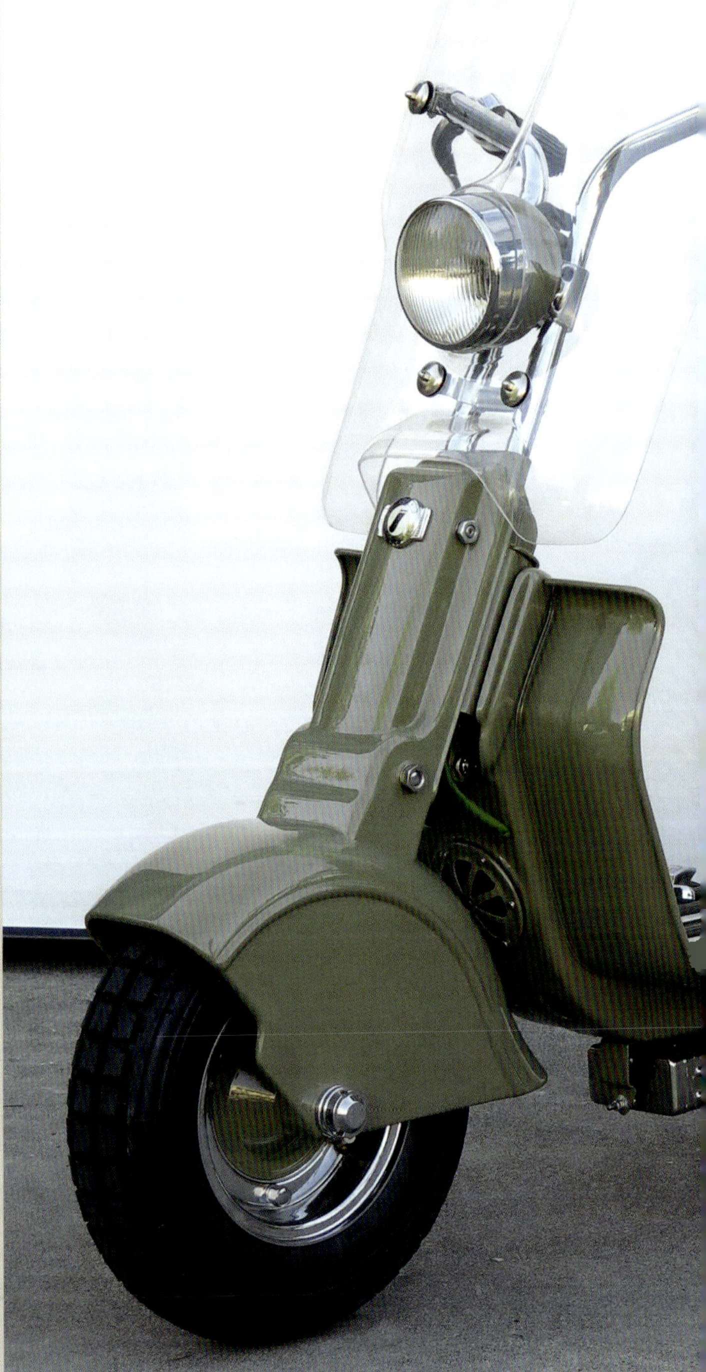

illustrata all'Identificazione. (Lambretta – Illustrated guide to the identification). In this book, I shall only analyse the most evident peculiarities concerning aesthetics.
The rectangular leather saddle is certainly one of the most distinctive features of all 1st-series 125 m bikes, just like the mechanical horn and the key used as an ignition switch, embedded in the lock of the rear top case.
Three details indisputably define this piece as a pre-production vehicle: the throttle and clutch cables running above the horn through two little, rectangular grooves; the brake drum shoes with linings; and the characters of the frame and engine number that are completely different from the ones of subsequent production vehicles. As for the body, these early models feature, in particular, a more squared tank, an adjustable front suspension (up to n. 5500), and the cast tail light housing with a polished edge.
Green was the only available colour, despite the brochure indicating as many as six different options. The green Lambretta 125 m shown in this chapter is the 5034. It is a classic pre-production vehicle with a handcrafted squared tank. It has undergone quite a significant and complex restoration because every detail needed to be compellingly coherent with this special model. The job lasted over two years, but the final result is truly excellent: I am not afraid to say that this 5034 is the most perfect and original Lambretta 125 m in the world today.
As for the special numbering of the frame and engine, I unfortunately do not know when it was replaced with the more traditional electric pen engraving. Currently, the model with the highest special number is n. 5053, then there is n. 5102, whose numbers were already engraved with an electric pen. It would be interesting to find an example with a number between 5054 and 5101 to better define this important transition.
The same applies to the holes above the horn through which the cables pass. At the moment, I cannot say when they disappeared, because I still haven't found a Lambretta with a serial number between 5054 and 5150.
As for the brake drum shoes with linings, instead, the moment a change occurred is proven in the Innocenti spare parts catalogues: the linings were applied from serial n. 5151 on.
I hope to find, in the near future, more pre-production Lambrettas to better understand the evolution of this special model.

Ancora una bella immagine della n. 5.034, fresca di un raffinatissimo restauro integrale. Il parabrezza in plexiglas è una vera chicca!

Another pretty image of vehicle n. 5034, fresh off a complete high-class restoration. The Plexiglas windshield is a true gem!

Lambretta 125 m: la prima serie

La Lambretta 125 m prima serie è certamente uno dei modelli più ambiti da tutti i collezionisti perché rappresenta al meglio il concetto iniziale di Lambretta voluto da Ferdinando Innocenti.

La sella quadrata e il claxon meccanico a raganella erano stati fermamente voluti da Ferdinando e sono i due più caratteristici particolari che identificano la 125 m prima serie.

Bisogna però ammettere che la sella non era particolarmente comoda e morbida; la leggera imbottitura e le due piccole molle non potevano certo ammortizzare i duri colpi che dava la parte posteriore della Lambretta, senza alcun tipo di sospensione. Inoltre il claxon meccanico non era del tutto efficace e, per azionarlo, si doveva cercare il pedalino, con il rischio di non guardare più la strada e causare qualche malaugurato incidente. Ma questo era il suo fascino, che ancora oggi incanta (me per primo!) tutti i collezionisti di Lambretta.

Un altro interessante particolare che distingue le prime serie è la serratura del bauletto posteriore che agisce anche da spegnimento del motore. Una chiave a testa quadrata con inciso il nome Lambretta comandava il blocchetto che serviva da antifurto dello scooter, ma anche da sicurezza del bauletto porta oggetti. Grande novità, e credo che fosse una primizia in campo motoristico, il pulsante per azionare il flash al faro anteriore. Peccato che, con l'introduzione del claxon elettrico, questo pulsante perse questo uso diventando il tradizionale comando del claxon.

Tecnicamente il motore rimase quasi identico a quello della preserie a parte il sistema di blocco del comando cambio, se non si usava la frizione, che venne eliminato nel corso della produzione.

Per quanto riguarda la carrozzeria, sebbene sul depliant della 125 m fosse indicata una scelta di ben sei differenti colori, in effetti, la prima serie, fu in pratica commercializzata nel solo colore verde. Di certo non mi è mai capitato di trovare una prima serie, in condizioni originali, di un'altro colore che non fosse il verde.

Una bella vista di tre quarti della 125 m prima serie. Si può notare, dietro il cavalletto, una piastrina sagomata che fungeva da fermo. Il cavalletto non aveva la molla di ritorno ma si doveva accompagnare fino al blocco della piastrina che lo fissava in posizione di riposo.

A pretty isometric view of the 1st-series 125 m. Notice, behind the kickstand, a contoured plate that acts as a stop: the stand is not spring-loaded, and thus must be pulled and fixed to the stop when not in use.

Lambretta 125 m 1st series

La famosa sella quadrata in pelle marrone con la scritta Lambretta, stampata a caldo, nella parte posteriore.

The well-known rectangular brown leather saddle with the name Lambretta engraved on the rear.

Il sistema di molleggio con il tampone di gomma a torsione. In questo caso è raffigurato il modello montato sulle prime 500 macchine; aveva un bloccaggio con millerighe per poter regolare la durezza del molleggio.

The suspension system with a rubber torque arm bushing. This image shows the model used for the first 500 vehicles. It has an interlocking gear system to adjust stiffness.

Nella vista posteriore si vede chiaramente il telaietto trapezoidale, sotto il fanalino, che sarebbe dovuto servire per fissare una speciale targa di circolazione. Un piccolo mistero, perché nessun'altro motoveicolo aveva pensato di adottare questo speciale supporto e della singolare targa non si è mai saputo che fine abbia fatto.

You can see clearly from the rear view how there is a trapezoid-shaped frame under the lamp: probably a special license plate holder. This is a bit of a mystery because no other vehicle has this special holder and nobody knows what happened to the unusual license plate.

The 1st-series Lambretta 125 m is certainly one of the most coveted models among collectors because it perfectly represents Ferdinando Innocenti's initial concept of Lambretta.
The rectangular saddle and the 'frog-style' mechanical horn were strongly desired by Ferdinando and are the two trademark features of the initial series.
Truth be told, the saddle is not especially comfortable or soft; the light padding and two small springs surely cannot dampen the hard blows on the rear end of the bike, which has no suspension at all. Moreover, the mechanical horn is not particularly efficient because, to activate it, you need to look for the little pedal and run the risk of taking your eyes off the road, perhaps causing an unpleasant accident.
Yet, this was the scooter's appeal, which enchants Lambretta collectors (including me!) to this day.
Another distinctive feature of the first series is the rear top case lock with a key also used to switch off the engine. A square-head key with the Lambretta logo engraved in it controls the block used as a theft-proof system for both the scooter and the case.
Another great innovation – a first in the motoring world, I believe – was the flashing light button. It is a shame that, with the introduction of the electric horn, this button fell into disuse and became the classic horn button.
Technically speaking, the engine remained nearly identical to the pre-production type apart from the gear locking system – to avoid breakage when the clutch was not used – which was eliminated in the production phase.
As for the paint job, despite the 125 m brochure indicating as many as six different options, green was essentially the only available colour on the market. For sure, nobody has ever found a 1st-series 125 m in a colour other than green.

Un'altra interessante particolarità delle prime serie è il coperchio del bauletto con i supporti per le chiavi di manutenzione. Un'idea davvero intelligente perché sfruttava uno spazio che non sarebbe stato altrimenti utilizzato. Questa innovazione venne presto abolita e sostituita da una sacca di tessuto verde dove riporre tutti gli attrezzi in dotazione; all'interno del bauletto rimase solo la staffa per fissare la pompa per gonfiare i pneumatici.

La produzione totale della prima serie fu di circa 1.900 esemplari, un discreto numero considerando le grandi difficoltà di produzione di quel periodo, specie per l'approvvigionamento dei particolari per assemblare lo scooter.

Questa Lambretta 125 m, numero di telaio 6.054, è stata ritrovata in un pessimo stato, ma ancora con una buona base di vernice originale. Si è così pensato a un restauro conservativo per mantenere la storicità di questo importante esemplare.

This Lambretta 125 m, serial number 6.054, was found in horrible condition but with a good layer of original paint job.
A conservation was thus chosen to maintain the historic nature of this important piece.

Il comando del claxon a pedale. Notare che il foro di uscita del pedale è al limite della curva del telaio. Quando venne sostituito dal pulsante di massa, il foro venne spostato nella parte piana, più all'interno.

The pedal to activate the horn. Notice that the hole was drilled along the chamfered edge of the body. When the system was replaced by a button, the hole was moved inwards, to the flat part.

Nella prima serie la scatola dell'avviamento ha la particolarità di avere una carenatura al foro di ingresso dell'asta comando cambio.

Another particular feature of the first-series vehicles is the starter with a faired entrance slot for the gear lever.

Il coperchio del volano è normalmente verniciato in alluminio. In effetti mi è capitato più di una volta di trovare dei coperchi volano in colore verde riverniciati in alluminio. Come se la Innocenti avesse preparato centinaia di coperchi in verde e poi avesse preferito riverniciarli in alluminio perché, con gli altri colori della carrozzeria, non sarebbero stati compatibili. Comunque rimane un piccolo mistero!

The flywheel cover is normally painted in aluminium grey. In fact, it has occurred to me more than once to find green flywheel covers re-painted in aluminium grey. It is as if Innocenti had prepared hundreds of green covers but preferred to repaint them because the colour wouldn't match the other vehicle parts. In any case, it is another little mystery!

L'elegantissima linea del gruppo motore: verniciato in alluminio per renderlo ancora più pulito e con tutta la minuteria metallica cromata per un tocco di assoluta raffinatezza.

The incredibly classy style of the engine unit: coated in aluminium to make it even neater, and with all the nuts and bolts chromed for a touch of absolute refinement.

L'interruttore luci era in bakelite marrone scuro, con una piastrina in ottone per la massa al faro.
Nella prima serie il tappo della miscela era realizzato in plastica color verde, con il misurino per l'olio in ottone, che rimaneva separato dal tappo.

*The dark brown Bakelite lamp switch, with a brass plate to ground the lights.
First series vehicles have a green plastic fuel tank cap, with a brass oil measuring cup that stays separate from the cap.*

*Another interesting peculiarity is the top case door equipped with supports for tools: a truly intelligent idea because it used a space that would have otherwise remained unused. This innovation was soon discarded and replaced with a green fabric bag including all of the complementary tools, leaving only the pump under the case lid.
Total production of the first series amounted to 1900 units: a significant number, given how burdensome production was at that time, especially in terms of sourcing the different parts of the scooter.*

Lambretta 125 m: seconda serie

In questa bellissima foto ufficiale Innocenti si possono apprezzare il magnifico parabrezza in plexiglas, che veniva offerto come accessorio direttamente dai commissionari autorizzati Lambretta.
(cortesia archivio Motociclismo d'Epoca)

In this beautiful, official Innocenti photo, we can appreciate the magnificent Plexiglas windshield, which was offered as an accessory directly by authorized Lambretta dealers.
(courtesy of the Motociclismo d'Epoca archive)

Verificando i numeri di telaio delle 125 m ritrovate in Argentina ho potuto notare che i numeri sono molto distanti tra loro e quindi si trattava, di certo, di spedizioni di piccoli lotti in tempi diversi.
Tornando alla nostra Lambretta, i due aggiornamenti più rappresentativi che si considerano per definire la seconda serie sono: l'adozione del claxon Argoradio a funzionamento elettrico, che sostituiva quello poco pratico a pedale (in questo caso il pulsante sul manubrio perdeva la funzione di flash e diventava claxon) e la serratura del bauletto posteriore senza la chiave di spegnimento; quest'ultima funzione era stata sostituita da un bottone di massa, posizionato sulla costola sinistra del telaio.

Verso il mese di marzo 1948 la Innocenti introduce un'importante serie di aggiornamenti che caratterizzeranno la seconda serie della 125 m.
Dopo le prime produzioni manuali a ritmi ridotti, con la seconda versione la Lambretta raggiunge i numeri di produzione di grande serie, come previsto dai programmi di vendite.
Iniziano così le esportazioni in vari Paesi del mondo e, in particolar modo, in Argentina e in Svizzera.
A proposito dell'Argentina, circolava una storia che fosse stata spedita un'importante partita di Lambretta 125 m per svuotare i magazzini della Innocenti a causa dei grandi numeri di esemplari invenduti.

Una bellissima 125 m seconda serie in condizioni di origine eccezionali. Notare che tutti i profili in pvc sono di colore beige per abbinarli a quello della carrozzeria.

A beautiful 2nd-series 125 m in exceptional, original condition. Notice how all PVC profiles are beige, matching the body colour.

Questa Lambretta era stata smontata dal proprietario per poterla riverniciare ed era già stata preparata con una carteggiatura finissima. Per fortuna, poco prima che la verniciasse, è venuto in negozio da me per un consiglio sul restauro e così l'ho convinto a rimontarla, mantenendo la verniciatura originale. Un vero miracolo!

Lambretta 125 m 2nd series

Il motore della 125 m è sempre un bel vedere! Particolarmente raffinato il disco cromato posteriore con la scritta in rosso Innocenti. L'unico particolare non originale è il rubinetto della benzina perché è quello della 125 B seconda serie; veniva spesso sostituito perché l'originale era molto delicato e aveva una tenuta poco affidabile.

The engine of the 125 m is always a sight! The chrome-plated rear disc with the red Innocenti logo is especially classy. The only non-original part is the fuel tank cap: it is from a 2nd-series 125 B. It is often replaced because the original part is quite fragile and unreliable in time.

L'elegantissimo colore "bluette" è assolutamente perfetto per esaltare la raffinata linea della Lambretta 125 m.

The extremely fancy Cornflower Blue colour is just perfect to undorline the refined style of the Lambretta 125 m.

This Lambretta had already been disassembled by its owner to repaint it and had been lightly sanded down too. Fortunately, before starting the job, the owner came to my shop to ask for advice on the restoration, and I convinced him to reassemble it and keep the original paint. It was a real miracle!

Around March 1948, Innocenti introduced a significant set of upgrades that defined the second series of the 125 m.

With the second version, after the early manual batch production, the Lambretta reached the numbers for mass production as expected in the business plan.

The company thus began exporting to various countries including, in particular, Argentina and Switzerland. Speaking of Argentina, there was once a rumour that a significant batch of Lambretta 125 m had been shipped to the South American nation to empty the Innocenti warehouses, given that there was a large number of unsold vehicles.

As I verified the serial numbers of the 125 m units found in Argentina, I noticed that they are quite distant, thus the bikes were indisputably shipped in small batches at different times.

Back to the technical features of the 2nd-series Lambretta, the two most representative ones are the Argoradio electric horn – in place of the impractical pedal-activated horn (in the new version, the button on the handlebar no longer activates the flashing light and works as a horn) and the top case lock without the key to turn off the engine – this function was replaced by a kill switch on the left side of the legshield. Another distinctive trait of the second series is the triangular beige faux-leather saddle with the 'Continentale produzione Selle Aquila' label at the back. It has the same lower structure as 1st-series saddles but with two conical – not cylindrical – springs at the rear. Truth be told, the early second series vehicles (frame n. 6900-7100) were still equipped with the classic rectangular brown leather saddle, but this only applies to a few hundred units: nearly all of the vehicles made have a triangular saddle. I say 'nearly' because, around frame number 7800, a new saddle with a single, central spring was tested on a few units: it was essentially a prototype of the model used for the third series and the 125 B. In this case, even the rear saddle has a different framework with

Un ulteriore particolare che identifica con certezza la seconda serie è la tipica sella di forma triangolare, in finta pelle beige e con la scritta posteriore "Continentale produzione Selle Aquila". Questo tipo di sella manteneva la struttura inferiore della prima serie, con l'unico aggiornamento delle due molle coniche nella parte posteriore al posto di quelle cilindriche.

È pur vero che le prime "seconda serie" con n. di telaio 6.900/7.100 erano ancora equipaggiate con la caratteristica sella quadrata in pelle marrone, però si tratta di poche centinaia di unità mentre la quasi totalità ha utilizzato la sella triangolare. Dico "quasi" perché, verso il telaio 7.800, fu testata, su pochi esemplari, una nuova sella più ampia con una sola molla centrale; in pratica era una specie di prototipo di quella che verrà poi montata sulla terza serie e sulle 125 B.

In questo caso anche la sella posteriore aveva un telaio differente con un solo attacco centrale. Di questa particolare versione ne ho trovate solo tre in Italia e una, pensate un po', in Polonia!

Con la seconda serie sono finalmente disponibili quei bellissimi colori della carrozzeria, ampiamente pubblicizzati sulla brochure di presentazione: il Rosso, il Bluette, l'Avorio. In effetti, la quasi totalità della prima serie era stata commercializzata con il tradizionale Verde, mentre ora era possibile scegliere quello che piaceva di più.

Sul piano tecnico il motore rimane identico a quello precedente con le uniche sostanziali modifiche al comando della frizione, che non aveva più il blocco delle marce, e al pedale del cambio, con una leva più sagomata (questo aggiornamento avvenne verso la metà della produzione).

In questa foto ufficiale Innocenti si può vedere la famosa sella prototipo (simile alla 125 B) montata su alcuni esemplari della seconda serie, verso il numero di telaio 7.800.

In this official Innocenti photograph, you can see the famous prototype saddle (similar to that of the 125 B) applied to certain 2nd-series units around frame number 7800.

Nella vista dall'alto si può apprezzare l'ampia forma del manubrio, direttamente ispirato alle motociclette americane di quel periodo. Per renderlo più elastico era fatto con due diversi spessori di tubo: la parte in alto era più fine mentre quella in basso era più spessa. Una buona idea per ridurre le vibrazioni ma si rivelò molto delicato e in parecchi dovettero sostituirlo con manubri after-market.

In this aerial view, you can appreciate the wide handlebar, inspired by U.S. motorcycles of that time. To make it more flexible, it was made with two different tube thicknesses: the top part is thinner, and the bottom part is thicker. This was a good idea in terms of vibration reduction, but the part turned out to be very delicate and many buyers were forced to replace it with after-market handlebars.

Per quanto riguarda la carrozzeria, la variante più evidente fu lo spostamento del pedale del freno dal lato destro a quello sinistro della pedana; questa modifica è arrivata verso il numero di telaio 9.500 circa.

Durante i pochi mesi di produzione, il bauletto venne cambiato per ben tre volte nella parte posteriore: per fissare in quella inferiore il fanalino, inizialmente rimase il telaietto trapezoidale per una eventuale targa, poi venne sostituito da due linguette a "L" e, infine, venne semplificato con una sola linguetta.

Con la seconda serie vengono abbandonati i bellissimi cerchi ruota cromati in favore di più semplici modelli verniciati color alluminio

Ho avuto la fortuna di poter provare tutte e tre le serie della Lambretta 125 m e devo ammettere che la seconda è forse quella più bella e pratica: cambio più preciso, sella più comoda e i suoi bellissimi colori ne fanno una Lambretta con la "L" maiuscola.

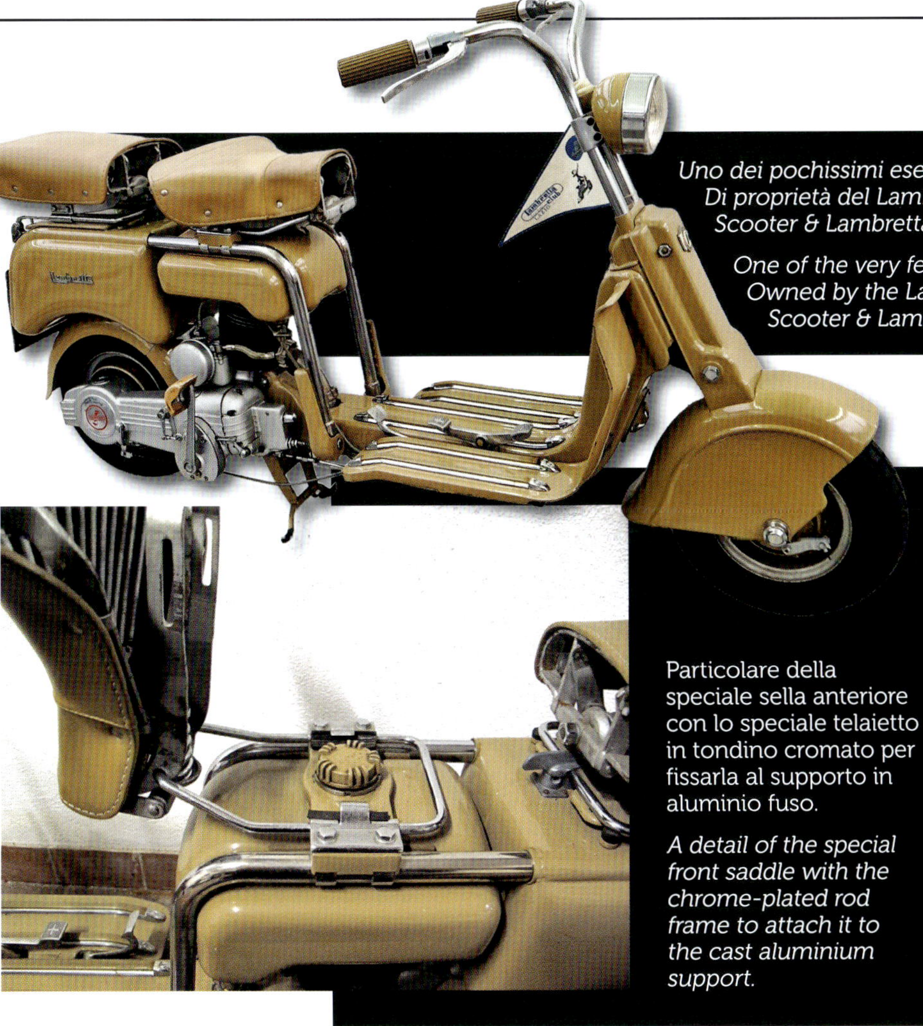

Uno dei pochissimi esemplari di seconda serie con la sella prototipo tipo 125 B. Di proprietà del Lambretta Club Lazio, è stata messa a disposizione del Museo Scooter & Lambretta di Rodano.

One of the very few examples of a 2nd-series vehicle with a 125 B prototype saddle. Owned by the Lambretta Club Lazio, it was loaned to the Museo Scooter & Lambretta of Rodano.

Particolare della speciale sella anteriore con lo speciale telaietto in tondino cromato per fissarla al supporto in alluminio fuso.

A detail of the special front saddle with the chrome-plated rod frame to attach it to the cast aluminium support.

a single, central attachment. I only found three examples of this kind in Italy and one – what are the chances? – in Poland!

The second series finally flashed the beautiful colours promoted in the original brochure: Red, Cornflower Blue, and Ivory. In fact, almost every 1st-series bike had been sold in the traditional Green colour, but now customers could choose the colour they liked most.

In technical terms, the engine remained identical to the previous version, other than a couple of changes to the clutch – that no longer had a gear locking system – and the gear shift pedal, with a more ergonomic lever (this upgrade occurred about halfway through the production run). Other than this, the most apparent change was the shift of the brake pedal from the right to the left of the platform – it occurred around frame n. 9500.

In its few months of production, the top case was changed as many as three times – in terms of its rear face. Initially, the designers maintained the trapezoid-shaped holder for an eventual license plate to leave space for the rear lamp at the bottom; then, it was replaced by two 'L-shaped' flaps and, finally, a single flap.

For the second series, the firm put aside the marvellous chromed hubcaps and applied simpler, aluminium-coloured ones.

I have been lucky enough to test all three series of the Lambretta 125 m and I must admit that the second series is perhaps the prettiest and most functional, with a more precise gearbox, a more comfortable saddle, and its beautiful colours making it five-star Lambretta.

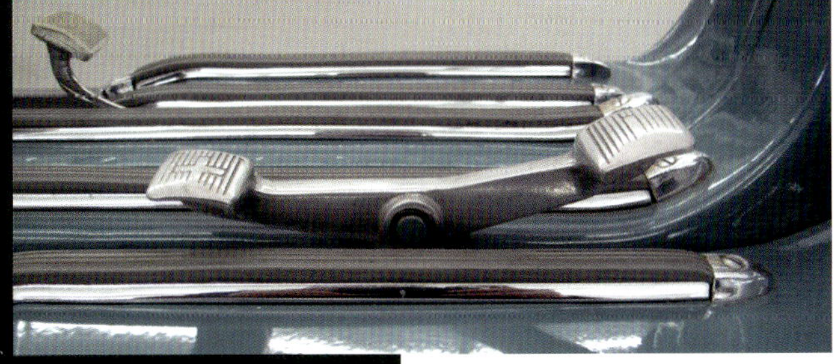

Il pedale del cambio nelle Lambretta 125 A seconda serie rimase di forma piatta fino al numero di telaio 8.000 (circa); poi venne modificato piegandolo verso l'alto per migliorare l'escursione.

The gear shift pedal of the 2nd-series Lambretta 125 A remained flat up to frame number 8000 (more or less), then it was bent upwards to improve stroke.

Lambretta 125 m: terza serie

L'ultima serie della 125 m arriva sul mercato verso la metà del 1948 quando la produzione mensile aveva raggiunto il record di più di 1.000 macchine costruite. La caratteristica più evidente della terza serie era la grande sella triangolare con una sola molla centrale orizzontale; la base non era più in lamiera stampata ma venne adottata una pregevole traversa in alluminio fissata con quattro anelli ai tubi del telaio.
Una soluzione semplice ma molto robusta, che risolveva in maniera definitiva la cronica fragilità del supporto in lamiera delle serie precedenti.
Sinceramente devo ammettere che questo nuovo tipo di sella era sì più comoda e robusta ma non si può dire che fosse esteticamente più bella.
Un'altra importante caratteristica, che riguarda la telaistica, era la colorazione in alluminio dei mozzi ruota e del cavalletto (ora in ghisa); inoltre la mascherina del claxon divenne in alluminio lucidato invece che verniciata come la carrozzeria.
Tecnicamente il motore non ricevette particolari modifiche a parte la levetta del cambio che fu ridotta in lunghezza per diminuire l'escursione del comando cambio e migliorare la precisione della scatola del selettore.

Nella vista frontale si può apprezzare l'ampio manubrio con le grandi manopole, direttamente ispirate alle possenti motociclette americane della guerra.

This front view shows well how the wide handlebar was directly inspired by the gargantuan U.S. military motorbikes.

La Lambretta m terza serie è il modello che ha avuto meno aggiornamenti nel corso della produzione; finalmente la Innocenti aveva preso il giusto ritmo e i piccoli errori iniziali erano ormai un brutto ricordo.
Per quando riguarda le colorazioni della carrozzeria, stranamente si tornò ad offrire principalmente la classica tinta verde e solo pochi esemplari furono commercializzati negli altri colori disponibili a catalogo.

In questo caso si tratta di una 125 m nella colorazione Bluette: anche questa tinta fu poco utilizzata sulla terza serie. Sempre elegante il parabrezza in plexiglas che donava un ulteriore tocco di modernità alla Lambretta.
Attenzione: la marmitta non era nera ma sempre nichelata.

In this case, we have a 125 m painted in Cornflower Blue: another colour seldom used for the third series. The Plexiglas windshield is always classy and gives the Lambretta an extra touch of modernity. Note: the exhaust is not black; it was always nickel-plated.

Lambretta 125 m 3rd series

Una bella Lambretta 125 m terza serie nella rara colorazione Rossa; questo esemplare è stato trovato in Argentina in cattivo stato di conservazione e si è dovuto eseguire un importante lavoro di restauro per riportala alle condizioni originali.

A pretty 3rd-series Lambretta 125 m in the rare Red colour. This example was found in Argentina in poor condition; it required significant restoration work to bring it back to its original look.

The final 125 m series entered the market about midway through 1948 when monthly production had reached over 1000 units.

The trademark of the third series is the large triangular saddle with a single central spring. The platform was no longer made of cold-formed sheet metal: it was equipped with a refined aluminium crossbar fixed with four rings to the tubular frame. This was a simple but quite heavy-duty solution that definitively solved the chronic fragility of the sheet metal bracket from the previous series.

I must admit that this saddle is more comfortable and sturdy, but you cannot say it is aesthetically pleasing.

Sul lato destro del motore si può osservare la nuova levetta del cambio, modificata in lunghezza per ridurre l'escursione del pedale del cambio e migliorare la selettività del sistema.

Observe, at the right of the engine, the new gear shift pedal, shortened to reduce its stroke and make the gearbox more accurate.

Le scritte cromate sul bauletto vanno sempre verniciate in nero nei fori rettangolari delle lettere; un particolare importante che molti si dimenticano di eseguire durante la fase del restauro. Notare il cerchio ruota con 6 dadi, tipico dell'ultimissima produzione.

The rectangular openings in the letters of the chrome-plated labels on the top case must always be painted black. This is an important detail that many forget to apply in the restoration phase. Notice the 6-bolt wheel; a classic of the very last series of this model.

Questo esemplare perfettamente conservato faceva parte della squadra Lambretta del commissionario Valsecchi di Erba. Veniva utilizzata nelle manifestazioni motoristiche come esemplare storico, per far conoscere al pubblico i primi modelli prodotti dalla Innocenti.

This perfectly preserved example belonged to 'commissioner' Valsecchi's Lambretta team of Erba (Como). It was used in historic motoring events to represent one of the first-ever models made by Innocenti.

Con la terza serie si chiude il primo capitolo della storia motociclistica della Innocenti.

In meno di un anno vennero prodotte ben 9.669 esemplari, un grande successo commerciale che però non aveva soddisfatto del tutto la direzione della Innocenti; l'impegno finanziario per organizzare lo stabilimento, i progetti e l'industrializzazione del prodotto erano stati sensibilmente maggiori rispetto alle entrate delle Lambretta vendute.

Grandi speranze erano state quindi riposte sul lancio del nuovo modello 125 B, che avrebbe dovuto incrementare sensibilmente le vendite e i profitti... ma questa è un'altra storia.

Particolare dell'adesivo posto sul parafango anteriore con il numero di riferimento della collezione Valsecchi.

A detail of the sticker placed on the rear fender with its catalogue number in the Valsecchi collection.

Con l'introduzione della terza serie venne cambiato anche il modello della sella posteriore, ora più semplice, con una sola molla posta orizzontalmente che riprendeva la struttura della sella anteriore.

With the launch of the third series, the rear saddle was made simpler and with a single, horizontal spring, mimicking the structure of the front saddle.

Disegno del frontale della 125 m terza serie datato 30-11-1948. Si tratta della scheda tecnica per l'omologazione della Lambretta sul mercato anglosassone.

A front view of the 3rd-series 125 m dated 30/11/1948. It was used as a technical data sheet for the homologation of the Lambretta for the UK market.

Al Salone di Milano di novembre 1948, l'Ing. Lauro spiega ad alcuni personaggi della politica le caratteristiche tecniche della Lambretta 125 m. Le scritte Pirelli sui pneumatici erano state fatte per evidenziare il produttore, ma non sono mai state adottate nella produzione di serie.

Lauro explained the technical features of the Lambretta 125 m to a few political figures at the November 1948 Milan Motor Show. The Pirelli labels on the tyres were added to promote the manufacturer but were never applied to any production vehicles.

Another important frame feature is the aluminium colour of the hubcaps and kickstand (now made of cast iron). Moreover, the horn grille is made of polished aluminium, no longer matching the body colour. Technically speaking, no relevant changes were made to the powertrain other than the gear shift pedal, which was shortened to reduce its stroke and make the gearbox more accurate.

The 3rd-series Lambretta m is the model that was updated the least throughout its production: finally, Innocenti had picked up the pace, and the initial mistakes were just a bad memory.

As for the colours, the firm oddly decided to return to offering the classic green, and only a few vehicles were marketed in the other colours shown in the catalogue.

The 3rd series marked the end of the first chapter in Innocenti's motorcycle making history. In less than a year, the company manufactured 9669 bikes: a big marketing success, but one that had not completely satisfied corporate management. The investment to organize the factory and for product design and manufacturing was significantly higher than the sales revenue.

The company's hopes thus rested upon the launch of the new 125 B, which was expected to improve sales and profit... But that's another story.

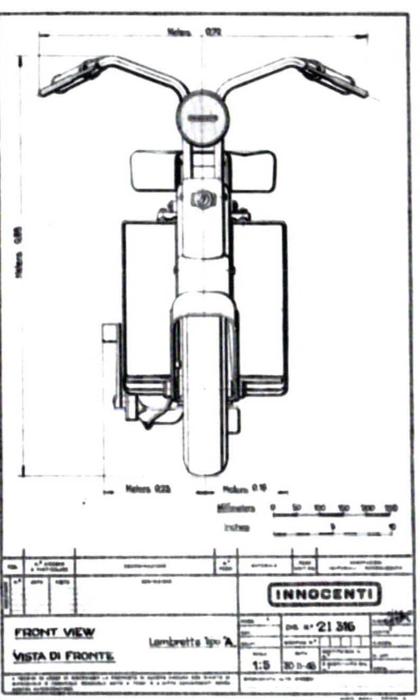

In Italia, fino al 1951, i motoveicoli 125 cc non avevano la targa e il bollo di circolazione, in alluminio, veniva sigillato al manubrio senza possibilità di smontarlo a patto di rompere la fascetta.

Until 1951, 125-cc motorcycles in Italy did not have a license plate, and the proof of taxation was welded to the handlebar – it was impossible to remove without cutting it.

Lambretta 125 B

In questa bellissima immagine si possono apprezzare i quattro fantastici colori metallizzati che erano disponibili sulla Lambretta 125 B: Verde, Rosso, Bronzo e Azzurro.

This beautiful image shows the four fantastic metallic colours offered for the Lambretta 125 B: Green, Red, Bronze and Blue.

A un solo anno dalla nascita della Lambretta 125 m, la Innocenti lanciò sul mercato un nuovo modello profondamente rinnovato nella meccanica, la 125 B.
Una scelta quasi obbligata in quanto la 125 m, pur bella e originale, si era rivelata poco confortevole per un uso quotidiano e poco pratica per il particolare comando del cambio a pedale, scomodo e impreciso.
Per la presentazione del nuovo modello la Innocenti decise di fare le cose in grande e allestì, al Salone del Ciclo e Motociclo di Milano, un grandioso stand; nell'ampio spazio espositivo erano proposti diversi modelli, nei nuovi colori metallizzati, alcuni sidecar, prodotti dalla Cimem di Milano, e un enorme cartello con un incredibile slogan: in pratica diceva che il motore della 125 A non era corretto e quello della 125 B sì! Non voglio immaginare la faccia dei clienti che avevano appena ritirato la loro fiammante 125 A e, andando in fiera, si trovavano un cartello della stessa Innocenti che gli diceva che il loro motore non era corretto.
Ma veniamo ad analizzare la nuova 125 B nelle sue caratteristiche: per sfruttare al massimo la costosa attrezzatura allestita per la 125 A, si pensò di non stravolgere il progetto iniziale, cercando di mantenere la filosofia che aveva ispirato il primo modello.

Lambretta 125 B

L'incredibile cartellone esposto alla Fiera di Milano dell'aprile 1949 dove si dichiarava apertamente che il motore della 125 A era errato!

The shocking billboard exhibited at the Milan exhibition hall in April 1949: the company openly stated that the engine of the 125 A was a technical error!

Lo stand Innocenti era molto grande ed esponeva diversi modelli Lambretta B, i sidecar e le varie versioni del nuovissimo motofurgoncino FB.

The Innocenti stand was quite large and hosted different examples of the Lambretta B, some sidecars and various versions of the brand-new FB three-wheeled utility vehicle.

Only a year after the birth of the Lambretta 125 m, Innocenti launched a new model that was deeply renewed in mechanical terms: the 125 B. It was nearly a compulsory choice, since the 125 m, despite its beauty and originality, turned out to be less than comfortable for everyday use and impractical with its gear shift pedal: an indisputably troublesome and imprecise piece of engineering.

Innocenti decided to present the new model in grand style and set up a sumptuous stand at the Salone del Ciclo e Motociclo (bicycle and motorcycle trade show) of Milan. It filled the large exhibition space with different models, a few sidecars made by Cimem of Milan and an enormous billboard with a shocking slogan that essentially stated that the engine of the 125 A was technically incorrect, as opposed to that of the 125 B! I do not want to know what the faces of clients who had shortly picked up their brand-new 125 A looked like as they visited the trade show and found Innocenti stating that their own engine was unsuitable!

Now let us analyse the technical features of the new 125 B. To use the costly equipment sourced for the 125 A as much as possible, the design and general philosophy of the first model were not completely overturned. The hardest part was the attachment of the front and rear suspensions: not an easy task, as the space was limited and the designers needed to maintain an acceptable overall appearance.

As for the front, the designers miraculously inserted

Fotografia della Pirelli per pubblicizzare il pneumatico 3.50 x 8 con il nuovo disegno a cinque tacche.

A photograph by Pirelli to advertise the 3.50x8 tyre with the new 5-stud design.

L'Ing. Lauro, con il cappotto più chiaro, spiega le caratteristiche tecniche della 125 B al Ministro Corbellini, durante il Salone del Cicolo e Motociclo di Milano del dicembre 1949. La B è ormai alla fine della sua carriera e già a febbraio del 1950 sarà sostituita dalla più economica 125 C.

Mechanical engineer Lauro – in the lighter coat – explaining the technical features of the 125 B to the minister Guido Corbellini at the Salone del Ciclo e Motociclo (bicycle and motorcycle trade show) of Milan in December 1949. The B was already at the end of its career and, as early as February 1950, it would be replaced by the more affordable 125 C.

La parte più difficile fu l'inserimento delle sospensioni sulle due ruote, cosa non facile in quanto gli spazi erano particolarmente ridotti e si doveva comunque mantenere un'accettabile estetica di insieme.

Per la sospensione anteriore si fece il miracolo di inserire nella forcella un sistema a bracci oscillanti a parallelogramma deformabile, simile a quello già utilizzato sulla 125 A, ma molto diverso e più complesso sul piano tecnico.

Due molle cilindriche parallele regolavano il molleggio mentre un sistema a coni e molle a tazza serviva come ammortizzatore a doppio effetto. Quest'ultimo si rivelò poco efficiente ma non venne mai aggiornato.

Una soluzione tecnicamente molto interessante ma troppo sofisticata per un veicolo economico come la Lambretta.

Siamo all'interno dello stabilimento, nell'officina garanzie e manutenzioni. Un meccanico specializzato sta sistemando una Lambretta per un intervento in garanzia. Notare l'anello saldato al cavalletto per poter mettere un lucchetto antifurto; un sistema un poco artigianale ma certo molto funzionale.

At Innocenti, in the warrantee and maintenance workshop. A specialised mechanic is fixing a Lambretta under warrantee. Notice the ring welded to the kickstand to add a lock: a slightly homespun but certainly practical anti-theft system.

Un operaio intento a montare il motore della 125 B sulla catena di montaggio; un'operazione decisamente complessa che richiedeva una altissima competenza meccanica.

A labourer assembling the engine of the 125 B on the production line: an extremely complex operation that required incredibly high mechanical skills.

La catena di assemblaggio della Lambretta 125 B. In questo caso gli operai sono molto più giovani perché il lavoro era decisamente più facile rispetto al montaggio del complicatissimo motore della B.

The Lambretta 125 B assembly line. In this case, the workers are much younger, because the job was definitely easier than the assembly of the bike's labyrinthine engine.

a double wishbone suspension system, aesthetically similar to the one used for the 125 A but rather different and more complex in technical terms.
Two parallel cylindrical springs granted flexibility, whilst a system of cones and cone-shaped springs acted as double-acting dampers. The latter turned out to be rather inefficient but, as odd as it seems, was never updated. It was a technically interesting solution, but too sophisticated for an inexpensive vehicle like the Lambretta.
As far as the rear suspension goes, Torre put all his technical genius into practice and created a spring and tie rod mechanism connected to the transmission guard with a joint. Was it genius or madness? In this case, I cannot say I totally agree with Torre's choices. I was lucky (or unlucky) enough to disassemble the complex transmission-suspension system in full, and was surprised each time by its mechanical complexity and the abundance of bearings, bushings, spacers and gears that it includes. It is crazy if you consider that it was for an economy vehicle, which was mainly repaired by small-town mechanics with limited mechanical engineering skills.
I cannot dare to imagine what the production cost and assembly line time was for such an intricate system. To make a direct comparison, the rear suspension of a 1948 Vespa 125 is comically simple: the engine swivels on a front pivot, and the suspension is a cylindrical spring with a hydraulic damper.
The Lambretta 125 B was also equipped with 8-inch tyres for better roadholding and to increase ground clearance. Last but not least, it was equipped with a gear shift lever on the handlebar and the wiring was redesigned to remain external to the frame for an easier replacement. To design these parts, Innocenti decided to subcontract a third party with a long experience in the aeronautical field: Teleflex. The Italian company was hired to develop a full transmission from the handlebar to the engine engagement. Looking at the result of this project, it seems that

Al termine della catena, la Lambretta veniva posta su un cavalletto in legno dove venivano montati gli ultimi particolari della carrozzeria come la sella anteriore e, eventualmente, anche la posteriore.

At the end of the line, the Lambretta was placed on a wooden stand and equipped with the final parts, such as the front saddle and, eventually, the rear saddle too.

Davanti a un pubblico di giornalisti, la Lambretta 125 B dimostra le sue particolari doti di robustezza con un bel salto da una pedana in legno.

The Lambretta 125 B boasting its impressive strength with a remarkable jump off a wooden ramp.

I tecnici della Innocenti vestiti con una candida tuta, spiegano ai giornalisti le caratteristiche tecniche della nuova Lambretta. Siamo all'inizio del 1949 e si tratta di una 125 B prima serie con il freno posteriore a tacco.

Dressed in white overalls, the Innocenti technical specialists explain the features of the new Lambretta to the press. It was the beginning of 1949 and the image shows a 1st-series 125 B with a heel-activated brake pedal.

Teleflex had agreed with Innocenti to make the most complicated system possible: gears, sliders, adjustment screws... Could they really not make something simpler? Sure, the system worked well when fresh out of the factory, but as soon as it began to wear, the gearshift became inaccurate and hard to control. This is

Nel caso della sospensione posteriore l'Ing. Torre mise a frutto tutta la sua genialità tecnica e realizzò un sistema a snodo sul carter della trasmissione con un meccanismo a molla e tiranti per il molleggio.
Genio o pazzia? In questo caso non posso assolutamente essere d'accordo con le scelte di Torre; ho avuto la fortuna (o sfortuna) di smontare più di una volta il complesso sistema della trasmissione e ogni volta rimanevo stupefatto della complessità meccanica, della moltitudine di cuscinetti, bronzine, spessori, rinvii che componevano il complesso trasmissione-sospensione. Davvero una cosa assurda, se consideriamo che era montato su un veicolo economico e che veniva principalmente riparato da officine di paese, con competenze meccaniche molto limitate.
Non voglio immaginare quali fossero i costi di produzione di un sistema così complesso e i tempi di assemblaggio sulla catena di montaggio.
Tanto per fare un confronto diretto con l'"avversaria", la sospensione posteriore della Vespa 125 del 1948 era di una semplicità disarmante: il motore era basculante sul perno di fissaggio anteriore e una molla cilindrica con un ammortizzatore idraulico regolavano il molleggio.
Finalmente, per le ruote, vennero adottati i pneumatici da 8 pollici, che garantivano una migliore tenuta di strada e incrementavano la distanza da terra della Lambretta.
L'ultimo, ma non meno importante aggiornamento, fu l'introduzione del comando cambio al manubrio e il posizionamento esterno dei cavi di comando per facilitare la loro sostituzione.
Per la scelta del comando cambio si preferì appoggiarsi a una ditta esterna che aveva una esperienza pluriennale nei comandi per aerei e imbarcazioni. La Teleflex Italiana fu infatti incaricata di studiare una trasmissione completa dal manubrio all'innesto del perno cambio al motore.
Vedendo il risultato di questo progetto sembrerebbe che la Teleflex si fosse messa d'accordo con la Innocenti per fare un sistema che fosse il più complicato possibile: ingranaggi, cursori, viti di regolazioni, ma possibile che non si poteva fare qualcosa di più semplice? Certamente da nuovo funzionava egregiamente ma, appena cominciava a usurarsi, il comando diventava impreciso e difficile da manovrare.
Per questa ragione sul mercato degli accessori vennero proposti diversi sistemi per aggiornare il comando cambio Teleflex e renderlo più pratico e preciso.
Grande novità per la carrozzeria furono i nuovi colori metallizzati nelle brillanti tonalità: verde, azzurro, bronzo e rosso.
Fu una scelta davvero azzeccata perché questi bellissimi colori davano alla Lambretta B un tocco di gran classe e di esclusività assoluta.
Vorrei specificare che la Innocenti non fece mai colori speciali a richiesta perché la catena di montaggio in grande serie non dava questa possibilità; quindi non esistono colori fuori serie, ma era certo possibile che qualche concessionario abbia offerto delle 125 B in altri colori riverniciando le Lambretta per conto proprio.
Come per la 125 A, la B venne prodotta per circa un anno ma con numeri certo più interessanti: in totale uscirono dalla catena di montaggio ben 35.014 esemplari.
Un buon successo per la Innocenti, che così riuscì a rientrare dell'enorme investimento iniziale per l'allestimento della catena di montaggio e di tutta l'attrezzatura per la produzione dei pezzi che componevano la Lambretta.
Nei capitoli successivi sono descritte la prima e seconda serie della 125 B.
Vi ricordo, come per la 125 A, che queste denominazioni non sono mai state utilizzate dalla Innocenti ma le ho create io per distinguere le due versioni che raggruppano un certo numero di aggiornamenti.
È chiaro che esistono modelli intermedi che montano solo una parte di questi aggiornamenti in quanto la Innocenti modificava di continuo la Lambretta e non esiste un passaggio reale tra una serie e l'altra.

why a series of after-market parts were launched on the market to make the Teleflex system easier to use and more precise.
The great innovative addition to the body were the brand new, bright metallic colours: Green, Blue, Bronze and Red. This was a spot-on choice because the beautiful hues gave the Lambretta B a touch of class and absolute exclusiveness. I would like to specify that Innocenti never applied special colours upon request, because the mass-production line ruled out this possibility. Therefore, the 125 B in 'limited edition' colours officially never existed but, without a doubt, a few dealers offered them by re-painting the bikes in-house.
As for the 125 A, the B was manufactured for about a year, but certainly in more interesting quantities: as many as 35,014 units came out of the factory. It was a considerable success for Innocenti, which managed to recover the enormous initial investment for the assembly line and all of the machinery used to make the parts of the Lambretta.
In the following chapters, I shall discuss the first and second series of the 125 B.
Keep in mind that, as for the 125 A, these names have never been officially used by Innocenti but I created them to classify two versions with a certain amount of updates.
Of course, there are intermediate models with only a part of such updates, in that Innocenti constantly modified the Lambretta, and a true passage from one series to the other has never existed.

Con questo cartellone pubblicitario la Lambretta 125 B entra nelle case degli italiani con uno slogan davvero riuscito: "La felicità va in Lambretta". Uno slogan che accompagnerà tutti i nuovi modelli Lambretta degli anni '50.

With this billboard, the Lambretta 125 B entered the homes of Italians with a truly successful claim: 'Happiness rides Lambretta'. The slogan would be used for all new Lambretta models of the 1950s.

Lambretta 125 B: prima serie

La 125 B prima serie è certamente la versione più ambita dai collezionisti perché mantiene ancora molti particolari della 125 A e, quindi, ha un fascino più seducente rispetto alla serie successiva.
La si riconosce facilmente per il pedale del freno posteriore a tacco e per il comando luce sul faro con la classica levetta in plastica color avorio.
Meccanicamente il particolare più evidente della prima serie è il coperchio frizione con la leva di comando all'interno del carter.
Interessante notare che sulla primissima produzione il coperchio della frizione aveva ancora il foro per far passare il rinvio del cambio della 125 A, in questo caso chiuso con due tappini in alluminio. Probabilmente era stato fatto un lotto eccessivo del coperchio per la A e, per riutilizzarli, si era pensato di chiudere il foro in questa maniera un poco artigianale.
Un altro particolare che caratterizza, in questo caso, la primissima produzione della 125 B è il cavalletto, con la sua forma a triangolo con un buco centrale.

Questa Lambretta 125 B è una delle primissime costruite e si riconosce facilmente per il cavalletto a forma di triangolo, tipico solo della primissima produzione.

This Lambretta 125 B is one of the very first and may be easily recognised by its triangular kickstand – a trademark of the early vehicles.

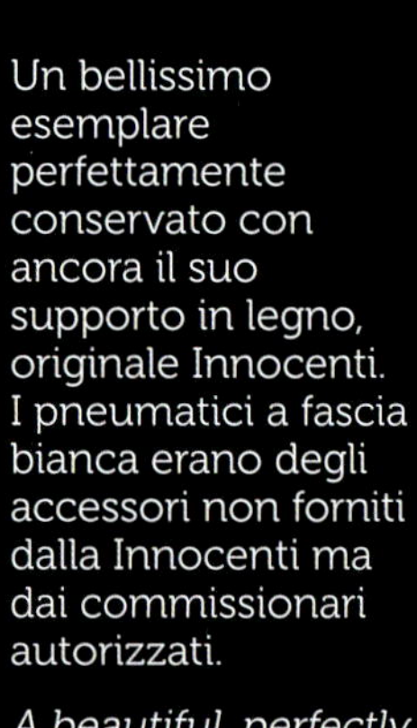

Un bellissimo esemplare perfettamente conservato con ancora il suo supporto in legno, originale Innocenti. I pneumatici a fascia bianca erano degli accessori non forniti dalla Innocenti ma dai commissionari autorizzati.

A beautiful, perfectly preserved example with its original Innocenti wooden stand. The whitewall tyres were optional and not supplied by Innocenti, but by the authorised 'commissioners'.

Lambretta 125 B 1st series

Nella foto ufficiale del motore possiamo osservare la leva avviamento con la spina verticale, identica a quella montata sulla 125 A.
Era un sistema di fissaggio molto raffinato perché era completamente nascosto e si vedeva solo il perno tondo con la testa cromata.

In this official image of the engine, you may notice the kick start lever with the vertical cotter, identical to that of the 125 A. It is a very refined fixing system because it is completely hidden, and the only visible part is the round spindle end with its chrome-plated head.

The 1st-series 125 B is certainly the most coveted among collectors because it still has many features of the 125 A and, therefore, is more appealing than the subsequent series.
You may easily recognise it by the heel brake lever and the light switch made of the classic ivory-coloured plastic.
The most evident mechanical component of the first series is the clutch pedal within the fairing.

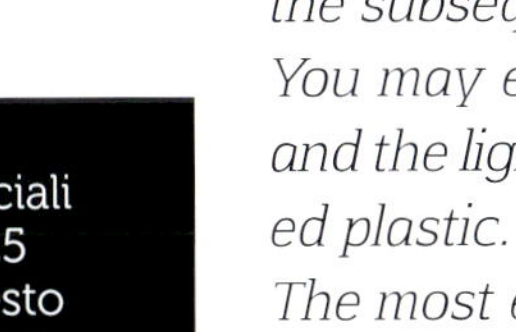

It is interesting to notice how the very first units made still had the slot in the guard for the gearshift of the 125 A – closed, in this case, with two aluminium caps. Most likely, one too many batches of the guard for the A were made and, to not discard them, they were closed with a touch of craftiness.
Another interesting detail distinguishing, in this case, the early 125 B production is the kickstand, with its original triangular shape with a central hole. This

Una delle foto ufficiali della Lambretta 125 B prima serie. Questo esemplare è uno dei primi prodotti ed è ancora senza il fermo fine corsa dello snodo posteriore.

An official photograph of the 1st series Lambretta 125 B. This is one of the very first examples and still doesn't have the stop buffer for the rear joint.

Il particolare più raro e prezioso della Lambretta 125 B prima serie era certamente il pulsante del claxon; di forma tronco-conica, costruito in bakelite nera, con la scritta Argoradio sul pulsante. Esisteva anche un ricambio non originale senza scritta, che è comunque accettato in sede di omologazione ASI.

The rarest and most precious part of the 1st-series Lambretta 125 B is certainly the horn button. It has a truncated cone shape and is made of black Bakelite, with 'Argoradio' engraved on the button. A non-original spare part without the writing exists and is, in any case, accepted for ASI homologation purposes.

Un originale accessorio per poter trasportare anche un piccolo bambino sulla pedana poggiapiedi. All'epoca ogni spazio della Lambretta era utilizzato per poter portare qualcosa e, in questo caso, per la famiglia numerosa questa era la soluzione!

A peculiar accessory made to carry a child on the platform. At the time, every inch of space on the Lambretta was used to carry something and, in the case of a large family, this was the right solution!

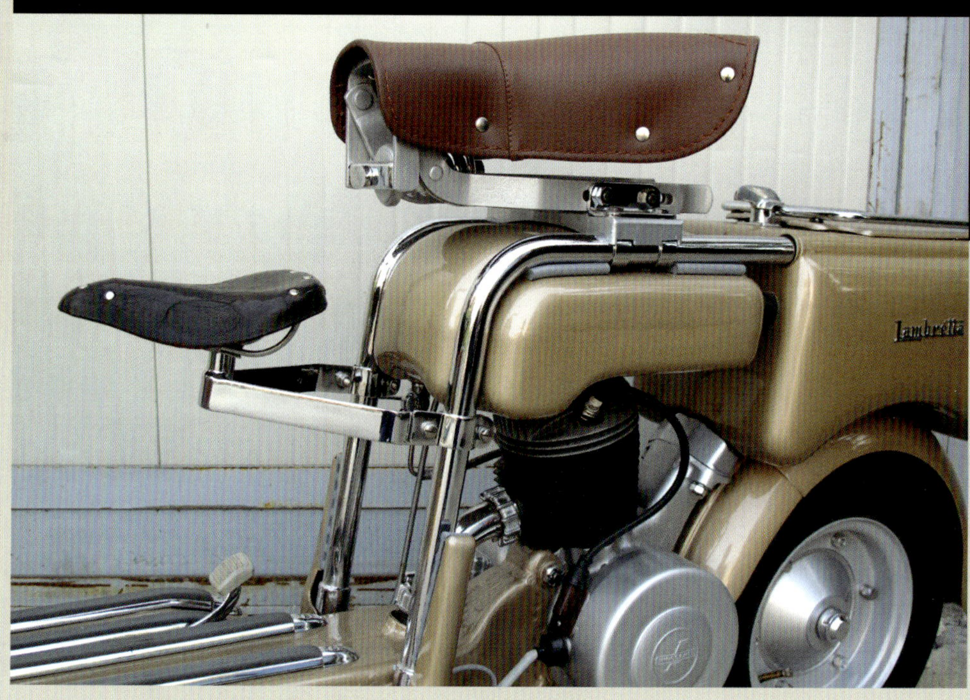

Anche questo è un piccolo mistero perché, successivamente, verrà montato un cavalletto in ghisa che riprenderà la linea di quello già utilizzato sulla 125 A terza serie.
Inoltre, sempre sulla primissima produzione, la sigla del numero del telaio era "Tipo 3". Forse pensavano di continuare la progressione numerica della "Tipo 2", differenziandole dal nome del modello. Fatto sta che, dopo pochi numeri, si pensò bene che forse sarebbe stato meglio uniformare le sigle e cosi sul telaio venne scritto finalmente il nome corretto del modello "Tipo B".
Chiaramente questa versione della primissima produzione è il modello più ricercato dai collezionisti Lambretta e quello che ha più valore sul mercato.

Nel corso della sua produzione la Lambretta 125 B prima serie ha ricevuto numerosi aggiornamenti che hanno riguardato principalmente la sospensione posteriore, con l'aggiunta di un fermo di fine corsa e di un rinforzo del leveraggio di comando della molla; inoltre è stato migliorato l'impianto elettrico con l'adozione di un interruttore fissato sopra la manopola del gas, più pratico e facile da usare. Stranamente il pulsante di massa è rimasto sulla costola centrale del telaio e solo poco dopo è stato giustamente inglobato nell'interruttore al manubrio.
La 125 B prima serie verrà prodotta in circa 20.000 esemplari, confermando il grande interesse del pubblico verso questo piccolo, ma grande, scooter milanese.

is yet another little mystery since the cast iron kickstand used at a later stage would return to a design similar to that of the 3rd-series 125 A.
Moreover, still in the very first stage, the frame number stated 'Tipo 3' (type 3). Perhaps, the firm thought it would continue the sequence of the 'Tipo 2', distinguishing it from the model name. Nonetheless – and fortunately – the firm decided to align the names, thus finally marking the vehicles 'Tipo B'. Of course, this version of the first series is the most cherished among Lambretta collectors, and even the one with the highest market value.
The Lambretta 125 B was updated more than once throughout its production run. The main change concerned the rear suspension, with the addition of a stop buffer and a reinforcement of the spring loading lever. Moreover, the electrical system was improved using a cutoff switch placed above the throttle, which was easier to use than in the previous design. Curiously, the kill button remained on the central rib of the body and was only embedded in the handlebar switch at a later stage.
About 20,000 units of the 1st-series were made, confirming the popularity of this small but great Milanese scooter.

La marmitta della B aveva la stessa finitura della 125 A: era nichelata sulla lamiera grezza e quindi non era particolarmente lucida e diventava opaca in poco tempo. È un errore lucidarla a specchio perché non riprende la finitura d'origine.

The muffler of the 125 B has the same finish as that of the A: it was made of nickel-plated coarse metal, thus opacified quickly. Mirror-polishing is a mistake because it will not resemble the original finish.

Il tipico rubinetto prodotto dalla Intavia che equipaggiava le Lambretta 125 A e le B prima serie; era molto delicato e spesso veniva sostituito con quello a due viti prodotto dalla Dell'Orto.

The classic fuel tap made by Intavia as a standard on the 1st-series Lambretta 125 A and B. It was quite fragile and was often replaced with the two-screw model made by Dell'Orto.

Verso il numero di telaio 15.000 venne introdotto un nuovo coperchio della trasmissione posteriore, dotato di un parapolvere per proteggere il ferodo del freno.

Around frame number 15000, the firm introduced a new rear transmission housing, equipped with a dust cover to protect the brake lining.

Lambretta 125 B: seconda serie

Una rara immagine originale Innocenti per i comunicati stampa. La sella posteriore e le pedane poggiapiedi per il passeggero erano accessori molto costosi. Per questa ragione diverse aziende misero sul mercato una serie di accessori a prezzi più convenienti.

A rare original Innocenti image used for press releases. The rear saddle and the passenger footrests were very expensive accessories. This is why numerous companies marketed after-market accessories at lower prices.

Verso la metà del 1949 venne introdotta la seconda serie della 125 B.
L'aggiornamento più importante riguardava il pedale del freno posteriore, ora azionato con la punta del piede, che incrementava così la spinta sul pedale.
L'impianto elettrico venne ulteriormente migliorato eliminando il pulsante di massa sulla costola del telaio e spostandolo nell'interruttore luci al manubrio.
Ormai la Lambretta aveva raggiunto un grado di efficienza molto elevato e tutti gli organi meccanici non avevano più bisogno di aggiornamenti o modifiche.
L'unica parte che ebbe bisogno di costanti aggiornamenti fu il leveraggio della sospensione posteriore, che

Nella vista lato motore possiamo osservare il corretto passaggio dei cavi di comando; notare la guaina del freno posteriore come è pericolosamente a sbalzo rispetto al motore.

In this engine-side view, you may notice the standard cable routing. Notice how the rear brake cable is dangerously close to the engine...

Lambretta 125 B 2nd series

The second series of the 125 B was launched midway through the year 1949.
The most noticeable update was the rear brake pedal, now controlled with the tip of the foot and not the heel, thus increasing the force exerted. The electrical system was additionally improved by eliminating the kill button on the legshield and embedding the light switch on the handlebar.
The Lambretta had, by then, reached a high efficiency, the mechanical parts no longer requiring updates or adjustments. The only component that needed constant replacement was the rear suspension lever, which was particularly vulnerable to the dilapidated streets of that time and the excessive load carried. It often occurred that the spring loading shaft and the tie rod bearings wore before expected due to the dusty roads. This was a serious

Verso la fine della produzione vennero eliminati i due tamponcini per il telaio dello sportello bauletto.

Towards the end of its production run, the two buffers for the top case lid were eliminated.

Particolare del motore della 125 B seconda serie; si riconosce facilmente per il coperchio frizione con il comando esterno e la leva avviamento con la chiavella orizzontale, tipo bicicletta.

A detail of the 2nd-series 125 B engine. You may easily recognise the clutch housing with the exposed mechanism and the kickstart pedal with a horizontal cotter, like that of a vintage bicycle.

Il fanalino posteriore è sempre lo stesso della 125 A, adotta una sola lampadina a 6 V montata su due linguette con un incastro in gomma antivibrate. Per fortuna c'è abbastanza spazio per poter aggiungere anche la luce dello stop, assolutamente indispensabile per passare la revisione annuale.

The rear lamp is still the same as the 125 A: it has a single 6 V light bulb placed between two tabs and with a rubber damping pad. Luckily, there was enough space to add the brake light, which was essential to pass the annual inspection.

Il parafango posteriore era in due pezzi, una parte attaccata al motore e l'altra fissata al bauletto. Durante le fasi del restauro è molto importante verificare bene l'allineamento delle due parti, prima della verniciatura.

The rear fender is split into two parts: one attached to the engine, the other fixed to the top case. In a restoration, it is very important to verify the alignment of the two parts before repainting the bike.

Durante il restauro della Lambretta B molte persone sbagliano la finitura del carburatore e del filtro aria. Vi ricordo che il corpo del carburatore e del filtro sono sempre verniciati color alluminio, mentre tutte le parti in metallo sono cromate, compreso il corpo del rubinetto.

When restoring a Lambretta B, many people apply an incorrect finish to the carburettor and air filter. Keep in mind that the carburettor and filter body must always be painted aluminium gray, whilst all other metal parts are chrome-plated, including the fuel tap.

era particolarmente sollecitato dalle cattive strade di allora e dai carichi eccessivi che venivano trasportati. Spesso capitava che si rompesse il perno che comandava il carico della molla e le bronzine dei tiranti si usuravano precocemente a causa della polvere sulla strada.

Visto il grave problema, alcune aziende di accessori studiarono diversi sistemi esterni di ammortizzamento per compensare i difetti della sospensione originale.

Anche la sospensione anteriore, sebbene più robusta, deficitava nel sistema di ammortizzamento: i due coni metallici caricati con due molle a tazza erano del tutto sotto dimensionati e il loro funzionamento era di durata molto limitata. Stranamente la Innocenti non aggiornò mai questo importante particolare e per questo molte ditte esterne proposero accessori per migliorarne l'efficienza.

Ultimo particolare che si rivelò poco affidabile era il comando del cambio al manubrio, progettato dalla Teleflex. Si trattava di un sistema con rinvio a ingranaggi molto delicato e destinato a usurarsi precocemente; inoltre, il corpo in zama era soggetto a facili rotture.

Anche in questo caso la Innocenti rimase fedele al sistema per tutta la produzione, benché sul mercato fossero proposte modifiche molto intelligenti per migliorare il comando e renderlo più dolce e preciso.

Con la Lambretta 125 B la Innocenti raggiunge numeri di produzione più soddisfacenti rispetto alla 125 A, ma il mercato era potenzialmente più grande e la B, con il suo progetto molto complesso e costoso, non avrebbe potuto competere con la futura concorrenza che stava crescendo sul mercato internazionale. Era ora di lasciare da parte raffinatezze, cromature e vernici speciali e lanciare sul mercato modelli più popolari ma sempre efficienti e sicuri. E così, all'inizio del 1950, la 125 B cederà il passo alle serie C/LC, decisamente più essenziali ed economiche.

Nella 125 B seconda serie vennero montati ben tre diversi interruttori per le luci: il primo era senza la posizione di massa perché il pulsante era ancora sul telaio (fino al n. 25.295), il secondo modello aveva la posizione di massa e il coperchio fissato con tre viti e il terzo (ultimissima produzione) aveva il coperchio con solo due viti.

The 2nd-series 125 B had as many as three different light switch designs: the first type did not have the cutoff position because the system was still mounted on the frame (up to frame n. 25295), the second type had the selector positions and the cap closed with three screws, and the third type (the very last batch) had the cap closed with only two screws.

issue, and certain after-market parts companies developed external suspension systems to offset the flaws of the original parts.
Although it was sturdier, the front suspension, too, suffered from damping issues: the two metal cones and the respective springs were undersized and worked properly for a very limited amount of time. Strangely, Innocenti never updated this important component, and numerous third-party companies offered accessories to improve suspension efficiency.
Finally, a part that turned out to be unreliable was the Teleflex handlebar gear selector. It was a rather delicate system with a gear drive destined to wear out far too quickly. Moreover, the Zamak casing could break easily. Nevertheless, Mr. Innocenti remained, once again, firm on his decision to implement the system for the entire production run, despite smart after-market solutions to improve the selector, making it smoother and more precise.
With the Lambretta 125 B, Innocenti achieved more satisfying results than with the 125 A, but the market was potentially larger and the B, with its complex and costly design, could not match the growing international competition. It was time to abandon fancy touches, chrome plating and special paint jobs, and launch more inexpensive, albeit efficient and safe, models on the market. Indeed, at the beginning of 1950, the 125 B would give way to the C/LC series, which were definitely more essential and inexpensive.

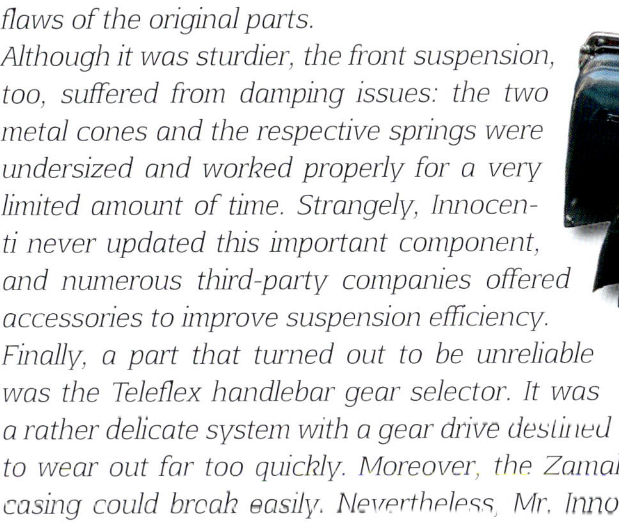

Il colore azzurro metallizzato è stato quello più apprezzato dalla clientela ed oggi è sicuramente il più comune tra le Lambretta 125 B.

Metallic Blue was by far the most popular colour among buyers and, to this day, is the most common among Lambretta 125 B models.

Nella foto di profilo si può apprezzare il bel serbatoio maggiorato per incrementare l'autonomia della 125 Sport che, a causa della elaborazione del motore, consumava molta più miscela rispetto ai modelli di serie.

In this profile photo, you may appreciate the beautiful oversized tank designed to increase the mileage of the 125 Sport that, given its tuned engine, ran out of fuel much quicker than the standard versions.

Lambretta 125 B Sport

Questa interessante Lambretta 125 Sport è stata ritrovata pochi anni fa a Melzo (MI), a pochi chilometri dal Museo Scooter&Lambretta; una vera fortuna che non capita tutti i giorni!
Si tratta di una 125 B seconda serie, modificata dal proprietario per partecipare ai classici audax scooteristici, molto popolari in quegli anni d'oro dello scooter. Era in condizioni di eccellente stato di conservazione ed è stato eseguito un profondo restauro conservativo per valorizzare al massimo le qualità della Lambretta. Il colore blu della carrozzeria è molto particolare perché

Particolare del serbatoio maggiorato con un originale adesivo tondo nella parte anteriore. È il segno distintivo che ci dà la certezza che è la stessa Lambretta fotografata durante una manifestazione lambrettistica di Alessandria nel 1956.

A detail of the tank with an original sticker at the front. It is an undisputable sign that this is the same Lambretta that was photographed at a 1956 convention in Alessandria.

Lambretta 125 B Sport

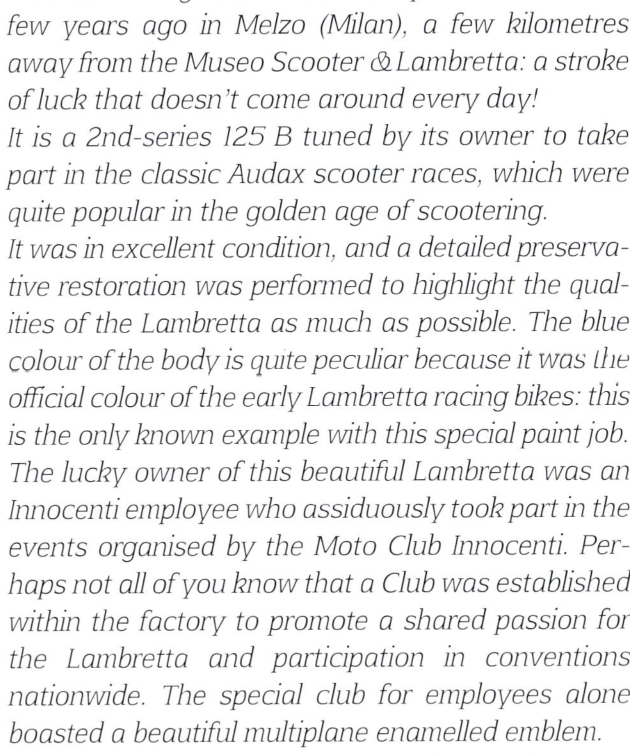

This interesting Lambretta 125 Sport was found a few years ago in Melzo (Milan), a few kilometres away from the Museo Scooter & Lambretta: a stroke of luck that doesn't come around every day!
It is a 2nd-series 125 B tuned by its owner to take part in the classic Audax scooter races, which were quite popular in the golden age of scootering.
It was in excellent condition, and a detailed preservative restoration was performed to highlight the qualities of the Lambretta as much as possible. The blue colour of the body is quite peculiar because it was the official colour of the early Lambretta racing bikes: this is the only known example with this special paint job. The lucky owner of this beautiful Lambretta was an Innocenti employee who assiduously took part in the events organised by the Moto Club Innocenti. Perhaps not all of you know that a Club was established within the factory to promote a shared passion for the Lambretta and participation in conventions nationwide. The special club for employees alone boasted a beautiful multiplane enamelled emblem.
Back to the Lambretta, you may observe the many

I rarissimi stemmi che impreziosiscono il frontale della 125 B Sport. Lo stemma tondo smaltato è il ricordo del Giro di Lombardia e Piemonte del 1952; sulla pedana di sinistra è fissato il prezioso stemma smaltato del Moto Club Innocenti mentre, al centro, c'è il logo serigrafato del Lambretta Club 1953 e l'adesivo del Moto Club Innocenti.

The ultra-rare emblems that embellish the bumper of the 125 B Sport: the enamelled round emblem, a memento from the 1952 Giro di Lombardia e Piemonte race (fender); the precious enamelled emblem of the Moto Club Innocenti (inner left of the legshield); the screen-printed Lambretta Club 1953 logo and the Moto Club Innocenti sticker (centre).

Nella foto originale dell'album del Moto Club Innocenti si vede sulla sinistra la nostra Lambretta 125 B Sport con il famoso adesivo tondo sul serbatoio.

In this original photo from the Moto Club Innocenti album, you may see, on the left, our Lambretta 125 B Sport with the famous round sticker on the tank.

Particolare della sospensione telescopica aggiuntiva della Rodighero. In pratica aumentava l'altezza da terra della parte anteriore e migliorava il molleggio della ruota.

A detail of the additional Rodighero telescopic shock absorber. In short, it increased ground clearance at the front and improved wheel suspension.

era il colore ufficiale delle prime Lambretta da corsa e questo è l'unico esemplare conosciuto con ancora la speciale vernice.

Il fortunato proprietario di questa bellissima Lambretta era un dipendente della Innocenti e partecipava assiduamente a tutte le manifestazioni organizzate dal Moto Club Innocenti.

Forse tutti non sanno che all'interno dello stabilimento era stato fondato un Club per favorire la condivisione della passione per la Lambretta e la partecipazione ai raduni che si svolgevano in tutta Italia.

Questo speciale Club, riservato ai dipendenti Innocenti, si chiamava "Moto Club Innocenti" e aveva, come segno di riconoscimento, un bellissimo logo riprodotto su uno scudetto smaltato a più piani.

Tornando alla nostra Lambretta, possiamo osservare le tante modifiche che sono state apportate per migliorare le prestazioni del motore, la telaistica e l'autonomia.

Il motore era stato potenziato con una testa ad alta turbolenza, un carburatore maggiorato a 18 mm e una marmitta ad alto potenziale.

La telaistica era stata modificata nella sospensione anteriore con l'adozione di un molleggio supplementare telescopico fornito dalla Rodighero Giacomo di Milano e rinforzata nella sospensione posteriore con un ammortizzatore a frizione regolabile.

Per migliorare l'autonomia fu adottato un serbatoio maggiorato a 9 litri, che serviva anche da appoggio per le ginocchia nelle curve più insidiose.

Un ultimo interessante aggiornamento aveva riguardato il manubrio, con l'adozione del comando del cambio del modello tipo C, molto più semplice e affidabile.

Una Lambretta ben conservata che ci ha dato la possibilità di conoscere più a fondo le caratteristiche di questi modelli speciali che all'epoca erano molto diffusi tra i più appassionati lambrettisti e oggi sono veramente rari da trovare in queste condizioni.

Un avviso agli amici collezionisti: troppo spesso vedo sul mercato delle Lambretta modificate da corsa o Sport vendute come originali dell'epoca a prezzi esorbitanti.

Attenzione a non cadere nel tranello, se è stata restaurata pretendete di vedere le foto prima del restauro, altrimenti si tratterà certamente di un volgare falso storico.

Il comando del cambio tipo 125 C con l'aggiunta del collare brevettato che bloccava la manopola sulla marcia inserita, eliminando la possibilità di fastidiose sfollate.

The Type 125 C gear selector with the addition of the patented bushing that locked the gear, avoiding annoying gear slips.

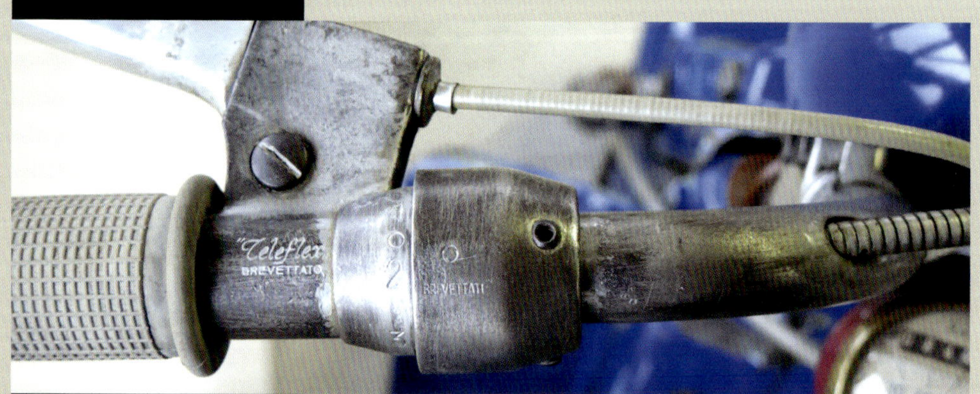

La testata Vortex era molto popolare per incrementare le prestazioni della Lambretta; non costava una esagerazione e prometteva un buon compromesso tra maggior potenza e migliore resa del motore.

The Vortex cylinder head was a very popular part used to improve performance. It did not cost an exorbitant price and granted a good compromise of greater horsepower and engine efficiency.

adjustments made to improve engine and frame performance as well as mileage. The engine was boosted through a high-performance cylinder head, a larger carburettor bore (18 mm) and a high-power exhaust. The chassis was adjusted by means of a new front suspension system with additional telescopic shock absorbers made by Rodighero Giacomo of Milan and a rear suspension with adjustable friction disk shock absorbers. Mileage was improved thanks to a larger, 9-litre tank, which also served as a knee rest in the trickier corners. A final, interesting update concerned the handlebar, now featuring the simpler and more reliable Type C gear selector.

This well-preserved Lambretta gave us a more complete understanding of the features of such special models, which were popular among avid Lambrettisti at the time and are a truly rare find today, in this condition. A note to all my fellow collectors: much too often, I see supposedly original race-tuned or 'Sport' Lambrettas at exorbitant prices. Beware not to fall into the trap: if they are restored, demand to see the photographs of how they were before, otherwise they are most certainly unexceptional fakes.

La sospensione posteriore della B è sempre stata molto delicata e poco affidabile. Con l'aggiunta di un ammortizzatore a frizione si cercava di migliorare un poco il suo funzionamento.

The rear suspension of the B has always been rather delicate and unreliable. The tuners attempted to improve it with the addition of this friction disk shock absorber.

Due uomini davvero speciali

Riccardo Rizzi e Luigi Cassola sono stati i due primi piloti Innocenti a partecipare a una gara su strada con le Lambretta 125 m.

La Milano-Sanremo era una competizione di regolarità molto seguita all'epoca perché era un vero banco di prova per tutti i nuovi motoveicoli; una buona vittoria dava la certezza che le qualità tecniche del veicolo fossero assolutamente efficienti e, quindi, dava le massime garanzie di un ottimo prodotto.

Ma questi giovani piloti non sono stati solo dei bravissimi collaudatori ma hanno anche contribuito, con la loro grande professionalità, allo sviluppo della Lambretta per tutto il periodo in cui fu prodotta dalla Innocenti... e anche dopo!

Questi due piloti sono state due colonne portanti, due grandi protagonisti di tutta la storia motoristica dello stabilimento Innocenti. Con la loro grandissima professionalità e la forte dedizione alla fabbrica di Lambrate, hanno saputo dare un eccezionale contributo allo sviluppo della Lambretta dal 1947 al 1971 e, poi, anche al settore automobilistico per l'intero decennio degli anni '70.

Grazie a queste grandi doti tecniche e umane hanno sempre avuto un rapporto speciale con Ferdinando Innocenti e l'Ing. Torre, che li hanno stimati e rispettati per la loro incredibile passione per la Lambretta.

Ho avuto la fortuna di conoscerli entrambi agli inizi degli anni '80; mi ricordo che sia Luigi che Riccardo rimasero sorpresi per il mio entusiasmo per la Lambretta e per loro fu motivo di grande felicità, perché gli facevo ricordare i bei tempi trascorsi alla Innocenti.

Per celebrare degnamente questi due uomini speciali ho ritenuto opportuno dedicargli questo capitolo, arricchito con i cari ricordi dei loro figli: Enzo Rizzi e Attilia Cassola.

Luigi e Riccardo rimarranno sempre nel mio cuore di vero Lambrettista e ancora oggi non mi stancherò mai di ringraziarli per quello che hanno fatto per la Lambretta e per la Innocenti!

Luigi Cassola

«...quando si vogliono ottenere obiettivi significativi, occorrono tenacia, volontà ferrea, sacrifici e anche un po' di buona sorte», tutto questo era mio padre.

Nel manoscritto, per me prezioso, che mio padre mi ha lasciato, dove riporta e descrive le tappe fondamentali della sua vita, c'è una data citata come «... 1 ottobre 1947, data storica, in quanto mi ha dato la possibilità di affermarmi e consolidare la mia professionalità».

Quel giorno inizia il sodalizio tra mio padre, 28 anni, e l'Innocenti, Reparto Sperimentale del Centro Studi, azienda creata dall'Ing. Ferdinando Innocenti, uomo dall'intuito imprenditoriale non comune, soprannominato "il padrone delle ferriere".

Mio padre ha amato profondamente il suo lavoro, collaborando con uomini meravigliosi, incuranti della fatica quali, – ad esempio – Riccardo Rizzi, per trasformare la Lambretta da: «... mezzo della

Two very special men

A sinistra, Luigi Cassola e a sinistra Riccardo Rizzi con le Lambretta 125 m seconda serie, equipaggiate con le selle sperimentali simili alla 125 B.

Luigi Cassola (right) and Riccardo Rizzi (left) with the 2nd-series Lambretta 125 m, equipped with experimental saddles similar to those of the 125 B.

Riccardo Rizzi and Luigi Cassola have been the first two Innocenti riders to take part in a road race with the Lambretta 125 m.

The Milan-Sanremo was an important endurance race at the time; it was seen as a testing ground for all new motorbikes, and winning it guaranteed that the vehicles were technically efficient, high-quality products.

Besides, these young men have not only been excellent test riders but contributed, thanks to their skills, to the development of the Lambretta for the entire time it was manufactured by Innocenti... and beyond! They have been two pillars and protagonists of Innocenti's motoring history. Thanks to their outstanding professionalism and dedication to the Lambrate factory, they have made an exceptional contribution to the development of the Lambretta from 1947 to 1971 and, later, even the automotive sector throughout the 1970s. With their immense technical and human skills, they have always had a special relationship with Ferdinando Innocenti and Mr. Torre, who praised them and respected them for their passion for the Lambretta.

I was lucky enough to meet them both in the early '80s. I remember how both Luigi and Riccardo were surprised by my enthusiasm for the Lambretta: it made them truly happy to remember the good old days back at Innocenti. To duly celebrate these two special men, I deemed it necessary to dedicate a chapter to them, enriched by the precious memories of their children, Enzo Rizzi and Attilia Cassola.

As a true Lambrettista, Luigi and Riccardo will always stay in my heart, and I will never stop thanking them for what they have done for Lambretta and Innocenti!

A Montlhéry con la Lambretta da record, Cassola è con il giubbotto di pelle nera che guarda verso la macchina fotografica.

Un momento di riposo durante una gara di regolarità con la 125 B. Cassola è con la maglietta a righe vicino a Masetti.

In Montlhéry with the record-setting Lambretta. Cassola is the man in a leather jacket, looking into the camera.

A moment of rest during an endurance race with the 125 B. Cassola is beside Masetti, wearing a striped collared shirt.

disperazione del dopoguerra a scooter competitivo, valido a percorrere percorsi impegnativi», come ancora commenta nel suo manoscritto.

Assunto come collaudatore su strada, alternò tale attività con la mansione di responsabile Sala Prova Motori, sotto la direzione dell'Ing. Pier Luigi Torre, con cui instaurò un meraviglioso rapporto lavorativo basato su stima e fiducia reciproche.

Gli fu affidata la messa a punto non solo di nuovi modelli di motori destinati alla produzione in serie (125, 150, 175 e 200 cc) ma anche di motori ideati per ottenere importanti obiettivi agonistici, quali il raggiungimento di ben 32 record mondiali.

Con particolare emozione mio padre descrive il record sul Chilometro lanciato, allora detenuto dalla Piaggio con lo Scooter Vespa 125 cc, con una velocità media di 183 km/h, poi conquistato nel 1952 dalla Lambretta con una velocità di 202 km/h, record poi imbattuto per sedici anni.

Dopo un solo anno di attività all'Innocenti, l'ing. Torre propose a mio padre di andare in missione all'estero, a Buenos Aires, per circa quattro mesi, col compito di assistenza tecnica per i vari subagenti della concessionaria della Lambretta, Soc. Berlingeri.

Il 2 dicembre 1948, mio padre, alla vigilia dei suoi 29 anni, partì in aereo da Roma e dopo 33 ore di volo in varie tappe, atterrò a Buenos Aires.

Durante un raduno di Lambrette organizzato dalla Berlingeri a scopo propagandistico, mio padre ebbe un incidente e si ruppe una caviglia, fu ricoverato in ospedale, ingessato dopo sette giorni, ma riuscì comunque a proseguire la sua missione, con mia madre ignara di tutto.

Quando tornò in Italia, la Direzione Innocenti, su richiesta dell'Ing. Ferdinando Innocenti, aveva prenotato una camera in un Hotel di lusso per i miei genitori.

Al suo ritorno a Milano con la mamma, mio padre era impaziente di vedermi, ma io, di appena due anni, non lo riconobbi!

Negli anni '50, altre missioni tecniche all'estero videro mio padre impegnato a mantenere alto con orgoglio il prestigio della Lambretta, Innocenti: Beirut, Teheran,

Luigi sorride alla partenza di una gara di regolarità. Bellissimo il maglione con la scritta Lambretta!

Sempre a Montlhéry con la Lambretta da record, nella prima versione con carenatura integrale in alluminio. Luigi è sulla estrema sinistra, sorridente come sempre.

Luigi, smiling at the start of an endurance race. His 'Lambretta' jumper is a beauty!

Once again in Montlhéry with the record-setting Lambretta in its first, fully faired aluminium version. Luigi is at the very left, smiling as usual.

Luigi Cassola

'... when you want to achieve important results, you need tenacity, cast-iron willpower, sacrifice and a bit of luck.' These words sum up who my father was.
In a manuscript he gave me – one of my most prized possessions – my father describes the milestones of his life. There is a date, 1 October 1947, which he defines 'historic, because it gave me the chance to establish myself and consolidate my professional skills.' That day marked the covenant between my father, 28, and the 'experiment unit' of the R&D department at Innocenti, a firm created by Ferdinando Innocenti, a mechanical engineer with an extraordinary knack for business and nicknamed 'master of the ironworks'.
My father has loved his job deeply. He cooperated with marvellous, tireless men – including, for instance, Riccardo Rizzi – to transform the Lambretta '... from a poor man's Postwar vehicle to a competitive scooter, able to withstand challenging routes,' as he states in his manuscript.
Originally hired as a road tester, he alternated such a role with that of Head of Engine Testing, reporting to mechanical engineer Pier Luigi Torre, with whom he built a lovely work relationship based on mutual respect and trust. He was put in charge not only of the fine-tuning of new engine models destined for mass production (125, 150, 175 and 200-cc) but even engines designed to reach significant sporting goals – see: 32 world records!
My father was particularly emotional as he described the time, in 1952, that the Lambretta beat the flying-kilometre record held by Piaggio with its Vespa 125-cc (with an average speed of 183 km/h) by clocking an average speed of 202 km/h. The record remained unbeaten for 16 years.
After only a year at Innocenti, Torre sent my father on a business trip to Buenos Aires for about four months. He was put in charge of providing technical support to the various sub-agents of the Lambretta contractor Soc. Berlingeri. On 2 December 1948, the day before he turned 29, my father departed from Rome and, after a 33-hour flight with various layovers, landed in Buenos Aires.
In a Lambretta convention organised by Berlingeri for propaganda, my father had an accident and broke an ankle. He was hospitalised for seven days and plastered but managed to continue his mission. My mum never found out.
Upon returning to Italy, Innocenti management had booked, upon specific request of Ferdinando Innocenti, a room in a luxury hotel for my parents. When they came back to Milan, my father was anxious to see me, but, as a two-year-old boy, I didn't even recognise him!
My father continued to uphold the reputation of Lambretta and Innocenti in the 1950s through assignments in Beirut, Teheran, Mexico City, Bulawayo (Zimbabwe), Nairobi, Johannesburg and Mogadishu. According to my dad's memories, his most exciting experience was the one in Mexico City:
'This assignment called for significant effort on my part, because I had to resolve a burdensome issue: Mexico City is 2500 metres a.s.l. and the carburetion of our scooters was very fast, thus inefficient. I examined the matter and, after numerous road tests, I found a compromise, which needed proof. I designed a 400-km itinerary from Mexico City (2500 m a.s.l.) to Veracruz (on the Gulf of Mexico) and crossing the Puebla mountain pass, at 3200 metres above sea level.
The dealer from Mexico City followed us with his Mercedes; he was skeptical about the outcome of the test, which he considered too strenuous... And we happily arrived at sea level in Veracruz! The dealer treated me at one of the best restaurants in town, and we returned to Mexico City with a positive result. On the following day, our feat was even reported in certain local newspapers, which was excellent publicity for the Lambretta dealership!'
In the meantime, my father kept pursuing his sporting activity. I still remember how many times my mother mended my dad following bad falls in the most demanding of races.
1948 endurance races:
***Milan-Sanremo**: joint 1st place with Roberto Rizzi, at an average speed of 48 km/h, no penalties;*
***Trofeo dei Laghi Lombardi**: joint 1st place, 600 km;*
I Primi Passi, joint 1st place, 320 km.
***Montlhéry**, World Record – 48 hours, 125-cc category, 5000 km at an average speed of 105 km/h;*
***Paris**, World Record – 12 hours, 125-cc category, avg. speed 165 km/h;*
***Flying Kilometre Record**, 125-cc, avg. speed 193 km/h (Vespa: avg. speed 183 km/h), improved to 202 km/h in 1952 and unbeaten for 16 years.*
In my little girl's eyes, when I saw my father proudly wearing his black leather suit, ready to take on a new challenge, it was like seeing a hero: he was beautiful, stupendous, with eyes as blue as the sky... It was a very sad time for me when he left for his trips abroad, which were often quite long, and it was the same for my mum. But we marched on together!
Following the death of Ferdinando Innocenti in the late '60s, the automobile market was on the rise and, oppositely, the scooter market was falling. The entire scooter production chain was thus sold out to India for a few billion lire and my father left to go there, to follow the offshoring operation.
Once production of the Lambretta had stopped in the 1970s, Luigi Innocenti chose to increase his automobile production under license from British Leyland Austin/British Leyland and its famous Mini Minor. My father continued his activity as the head of assembly and road testing within the Reparto Sperimentale Auto (experimental automobile department) from 1972 to 1976. In 1976, when Leyland was transferred to the semi-public company De Tomaso, my dad decided to retire. '...the management context of what was once an exemplary company did not please me, and I preferred to stay out.'
He continued his work as a technical specialist

Città del Messico, Bulawayo, Nairobi, Johannesburg, Mogadiscio

La missione a Città del Messico è stata nei ricordi di mio padre la più entusiasmante: «L'impegno di questa missione era per me molto importante perché si trattava di risolvere un problema tecnico non trascurabile, in quanto Città del Messico si trova a 2500 metri di altitudine e la carburazione dei nostri scooter risultava molto ricca con relativo scarso rendimento.

Esaminato il caso, dopo diversi collaudi su strada, trovai una soluzione di compromesso, che però doveva essere confermata. Programmai quindi un percorso di collaudo su strada di 400 chilometri: partenza da Città del Messico, 2500 metri altitudine fino a Veracruz (Golfo del Messico), superando nel tragitto il valico Puebla, a 3200 metri di altitudine.

Il concessionario di Città del Messico ci seguì con la sua Mercedes, scettico sul risultato del collaudo che riteneva troppo impegnativo. Arrivammo felicemente a Veracruz a livello del mare! Il concessionario mi invitò in uno dei migliori ristoranti.

Il ritorno a Città del Messico si concluse in modo positivo. Il giorno seguente veniva dato risalto della nostra impresa su alcuni giornali e ciò costituiva una buona pubblicità per il concessionario della Scooter Lambretta!».

La Lambretta sempre nel cuore! Anche in età avanzata, Luigi non perdeva occasione per un giretto con la sua 150 D.

The Lambretta was always in his heart! Even late in his life, Luigi never turned down a chance to take his 150 D out for a spin.

Proseguiva in contemporanea la sua attività agonistica. A tal proposito ricordo quante volte mia madre curava con amore mio padre a causa di brutte cadute riportate durante lo svolgimento di gare impegnative.

1948 Gare di regolarità

Milano-Sanremo, 1° ex aequo con Roberto Rizzi, media 48 km/h, senza penalità.

Trofeo dei Laghi Lombardi, 1° ex aequo, km 600. I Primi Passi, 1° ex aequo, km 320.

Montlhéry, Record mondiale 48 ore, 5000 km, Categoria 125 cc, velocità 105 km/h.

Parigi, Record mondiale 12 ore, Categoria 125 cc, velocità 165 km/h.

Record Chilometro lanciato, Categoria 125 cc: velocità 193 km/h (Vespa: media 183 km/h). Nel 1952, velocità 202 km/h, record imbattuto per 16 anni.

Per me, bambina di pochi anni, quando vedevo mio padre indossare con orgoglio la sua tuta nera di pelle, pronto a partire per una nuova sfida, era come vedere un eroe, bello, bellissimo, occhi azzurri come il cielo…

Quando partiva per le sue missioni all'estero, spesso molto lunghe, erano momenti molto tristi, come lo erano per la mamma, ma insieme si andava avanti!

Dopo la morte dell'Ing. Ferdinando Innocenti, alla fine degli anni'60 il mercato delle automobili era in netto crescendo mentre quello degli scooter stava calando drasticamente.

L'impianto completo della produzione Scooter venne così svenduto all'India per pochi miliardi e mio padre partì per quel Paese, per seguire l'operazione di transfer industriale.

Negli anni '70, cessata la produzione della Lambretta, l'Ing. Luigi Innocenti incrementò la produzione automobilistica su licenza Austin Leyland con la famosa Mini Minor.

Dal 1972 al 1976 mio padre continuò la sua attività come Capo Reparto Montaggio e Collaudo su strada del Reparto Sperimentale Auto.

Nel 1976, quando la Leyland fu ceduta al gruppo parastatale De Tomaso, mio padre decise di andare in pensione.

«... il clima dirigenziale di quella che fu una fabbrica modello non mi soddisfaceva più e preferivo rimanerne fuori».

Continuò la sua attività di consulente tecnico all'estero, presso la società Serveta di Eibar, in Spagna, produttrice di Scooter Lambretta, e In India a Lucknow, nello stabilimento strutturato con l'impianto venduto dall'Innocenti nel 1972.

Terminate le sue esperienze lavorative si trasferì a Moneglia per la sua meritata pensione: qui venne in contatto con il Club Lambretta Ligure, instaurando un rapporto di sincera amicizia con tutti i soci.

Fino alla veneranda età di 91 anni partecipò a vari raduni, orgoglioso di guidare la sua Lambretta 150/D, procurata e ristrutturata dagli stessi tecnici del Club Lambretta Ligure.

Sono stata fortunata, ho avuto due genitori splendidi, sempre innamorati fino alla fine, quando la mamma, il 9 dicembre 2013, ci ha lasciati.

«Cara Nani, sarai sempre nel mio cuore, siamo stati a lungo insieme, sorretti dal reciproco affetto e amore; presto, data la mia veneranda età, ti raggiungerò».

Il 4 marzo 2015, all'età di 96 anni, il mio adorato papà partirà per raggiungere la sua Nani.

Attilia Cassola

abroad, at Serveta in Eibar (Spain), which manufactured the Lambretta, and in Lucknow (India), at the plant that rose from the ashes of Innocenti in 1972.
At the end of his professional career, he moved to Moneglia (Genoa) to enjoy a deserved retirement. He got in touch with the local Club Lambretta Ligure, starting a sincere friendship with all of its members. He took part in various conventions until the impressive age of 91, sitting proudly on the saddle of his Lambretta 150/D, retrieved and restored by the Club Lambretta Ligure specialists.
I am lucky because I had two fantastic parents who were deeply in love until the end, when my mum passed away on 9 December 2013.
'Dear Nani, you will always be in my heart. We have been a couple for a long time, supporting each other with our shared affection and love. Given my old age, I shall join you soon.'
On 4 March 2015, at 96, my adored father left one last time, to join his beloved Nani.

Attilia Cassola

Riccardo Rizzi

Born in Lambrate in 1923, my father soon showed a strong attraction and passion for motoring. It was while on military duty during World War II, from 1943 to 1945, that – after avoiding a mission in Russia as a tank driver by a hair's breadth – he achieved his licenses to drive automobiles and lorries.
Just a few years later, in 1947, Innocenti launched the Lambretta designed by Torre on the market. My dad was hired in that same year thanks to his motoring knowledge and driving skills: he immediately became the main tester for the Lambretta.
At the beginning of 1948, Innocenti and Torre realised that they needed to make the vehicle known to the general public somehow, which is why they entered

The 'four musketeers' who led the small Lambretta 125 A to victory, achieving results that were considered incredible and unthinkable shortly before. From the left: Brunori, Masserini, Masetti and our friend Rizzi.

Riccardo Rizzi in an aerodynamic position on the super Lambretta 125 A. Notice the rudimentary 'padding' to rest the body in the long nighttime stages.

Rizzi with a pretty and rare official 125 B for endurance racing. You can easily distinguish the enlarged tank, the wheel rack above the top case, and the special exhaust with a very short and chrome-plated body.

I quattro "moschettieri" che hanno saputo portare alla vittoria la piccola Lambretta 125 A, con risultati incredibili e inimmaginabili fino a poco tempo prima. Da sinista: Brunori, Masserini, Masetti e il nostro Rizzi.

Riccardo Rizzi, in posizione aerodinamica sulla super Lambretta 125 A. Notare il rudimentale cuscino dove si appoggiava il busto per riposare il fisico nelle lunghe tappe notturne.

Rizzi con una bella e rara 125 B ufficiale da regolarità: si riconosce facilmente per il serbatoio maggiorato, il portaruota sul telaietto dello sportello portaoggetti e per la speciale marmitta con il corpo molto corto e cromato.

Riccardo Rizzi

Nato a Lambrate nel 1923, papà dimostrò sin da giovane una fortissima attrazione e passione per i motori e fu durante il servizio militare, dal 1943 al 1945, in piena Seconda guerra mondiale che, dopo aver evitato per un soffio la partenza come carrista per la Russia, conseguì i certificati di idoneità alla condotta di motocicli, di autovetture e di autocarri.

Pochi anni dopo, nel 1947, l'azienda Innocenti decise di introdurre sul mercato la Lambretta progettata dall'Ing. Torre. Fu esattamente nello stesso anno che papà entrò alla Innocenti e grazie alle sue conoscenze motoristiche e alle sue capacità di guida diventò da subito il collaudatore di riferimento della Lambretta.

A inizio 1948 Innocenti e Torre capirono che era necessario trovare il modo di far conoscere questo mezzo al popolo e per questo motivo iscrissero la società Innocenti alla 6 Giorni della Milano-Sanremo con piloti ufficiali Riccardo Rizzi e il caro amico Luigi Cassola.

Al termine della gara, l'8 maggio 1948, i due piloti si classificarono primi ex-aequo; questa fu sia la prima gara che la prima vittoria per la Lambretta e rappresentò l'inizio di un'epoca di record, trionfi e gloria

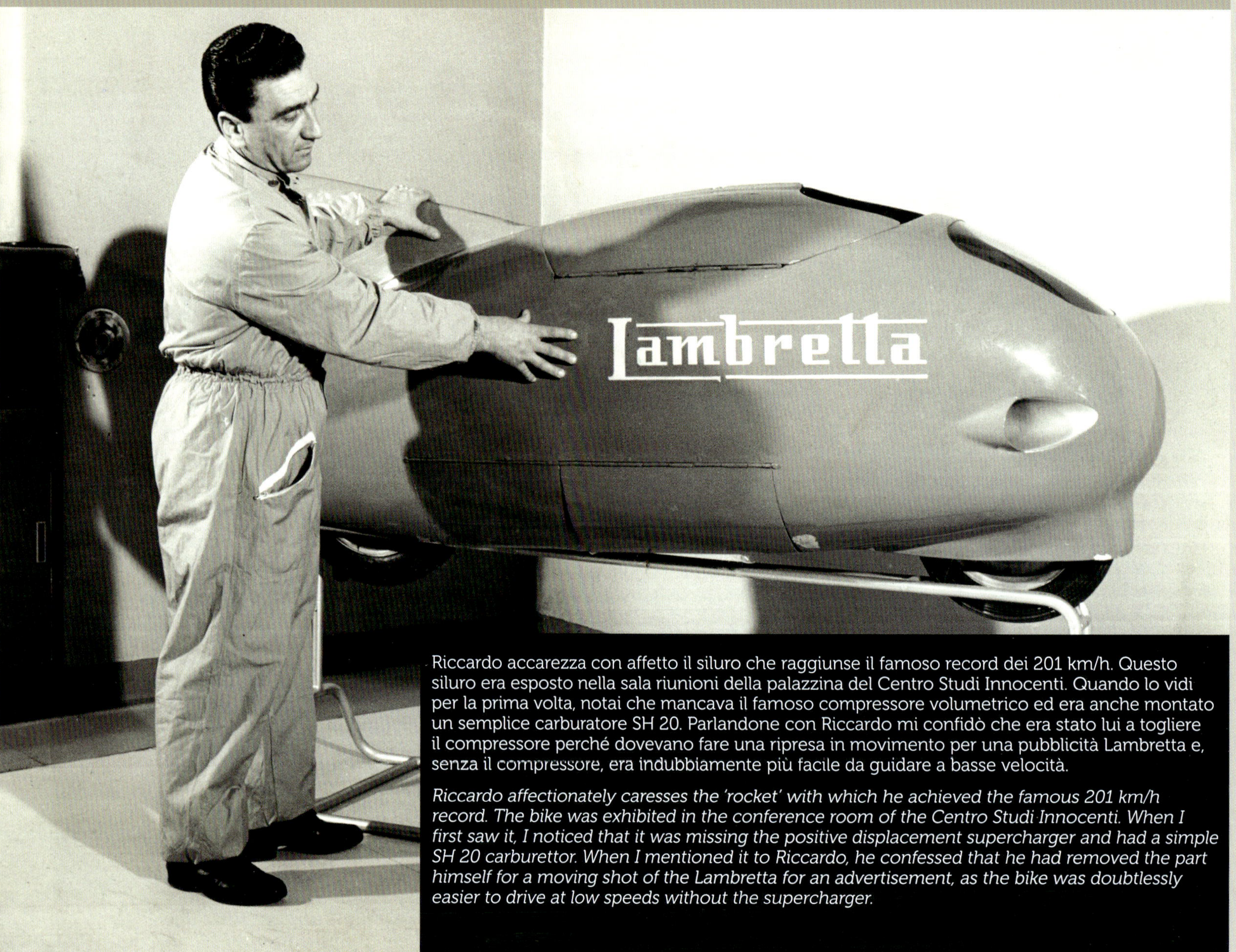

Riccardo accarezza con affetto il siluro che raggiunse il famoso record dei 201 km/h. Questo siluro era esposto nella sala riunioni della palazzina del Centro Studi Innocenti. Quando lo vidi per la prima volta, notai che mancava il famoso compressore volumetrico ed era anche montato un semplice carburatore SH 20. Parlandone con Riccardo mi confidò che era stato lui a togliere il compressore perché dovevano fare una ripresa in movimento per una pubblicità Lambretta e, senza il compressore, era indubbiamente più facile da guidare a basse velocità.

Riccardo affectionately caresses the 'rocket' with which he achieved the famous 201 km/h record. The bike was exhibited in the conference room of the Centro Studi Innocenti. When I first saw it, I noticed that it was missing the positive displacement supercharger and had a simple SH 20 carburettor. When I mentioned it to Riccardo, he confessed that he had removed the part himself for a moving shot of the Lambretta for an advertisement, as the bike was doubtlessly easier to drive at low speeds without the supercharger.

C.O.N.I.

Gentlemen's Moto Club

II° MILANO-SAN REMO MOTOCICLISTICA

8 MAGGIO 1948

Si attesta che il Signor Rizzi Riccardo ha partecipato alla corsa Milano - San Remo motociclistica classificandosi 1° EX-AEQUO

Il Direttore di Gara

Il Presidente del Gentlemen's Moto Club

Il diploma della FMI dell'8 maggio 1948, che attesta la vittoria ex-aequo di Riccardo Rizzi alla gara di regolarità Milano-Sanremo.

The FMI diploma awarded on 8 May 1948 for the joint 1st place finish by Riccardo Rizzi in the Milan-Sanremo endurance race.

La bellissima targa rilasciata dalla FMI per i record conseguiti nel 1949, a perenne ricordo della incredibile prestazione della Lambretta 125 A e dei suoi quattro grandi piloti.

The beautiful plaque awarded by FMI for the records achieved in 1949: a perennial memory of the outstanding performance by the Lambretta 125 A and its four great riders.

an Innocenti team in the Milan-Sanremo 6-day race, with Riccardo Rizzi and his dear friend Luigi Cassola as the official riders.

The two finished the race, on 8 May 1948, in a joint 1st place. This was both the first-ever race and first-ever win for the Lambretta, marking the beginning of an age of records, victories and sporting glory for the riders, designers and the Innocenti factory as a whole. After this race, in fact, Innocenti and Torre began to consider endurance, speed and distance records as the next step, which is why – in 1948 – they hired established riders in the motorbiking world to form an official team. Dad was a member of this team, both as a tester and a rider.

As a test rider, he had an innate and above-average driving sensitivity. He was meticulous and obsessed with taking the vehicle to the highest level. He had the ability, following the test drives, to interact and give ameliorative indications to the engineers and designers. This is the reason for his beautiful relationship with Torre, which lasted years on end, from when the Lambretta was put on the road in 1947 to the development of the Maserati Biturbo in the early 1980s.

Ceccarolli described him as a rider in his 1949 text: 'Rizzi was an excellent pacer, with the ability to maintain the same lap times in on-track endurance races: he was immune to struggle'. While he was consistent and resilient in endurance races, he was able – in speed record attempts with the Lambretta 'Siluro' – to push the bike to the limit, both at the track and on the highway between Ospitaletto and Brescia or Monaco and Ingolstadt (the venue of the 201 km/h record).

From his memories: 'We experienced those years with the strong awareness to belong to a spectacular team of engineers, designers and riders who were pioneers in Italian motorcycling and contributed to building the legend of the Lambretta, which goes on even after 75 years of history.'

He was able, back then, to reap – along with other riders – dozens of World Records on the 1949 Lambretta A-B and the 1950 Lambretta 'Siluro', also contributing to the development of the twin-cylinder Lambretta 250.

I remember that my dad had two idols: one was Torre, and the other was Innocenti. He liked to define Torre as a mechanical engineering genius and wizard, as well as an old-fashioned gentleman who was absolutely obsessed with speed and records. He would plan hours and hours of work both for himself and for the mechanics and drivers to shave off even a single km/h or second. My father worked shoulder to shoulder with him from 1947 to 1962, when Torre left Innocenti to focus on another beautiful project by Ferdinando Innocenti that only a few know of: the Bundy Marine, an outboard motor for small boats.

sportiva per i piloti, gli ingegneri e per tutta l'azienda Innocenti.

Dopo questa gara, infatti, Innocenti e Torre iniziarono a considerare i record di resistenza, velocità e distanza come il passo successivo e, per questo, durante il 1948 furono ingaggiati alcuni piloti già conosciuti nell'ambito motociclistico a formare una squadra ufficiale; papà ne fece parte sia come collaudatore che come pilota.

Come collaudatore aveva insita una sensibilità di guida superiore alla media, era meticoloso, ossessionato dal dover portare il mezzo ai massimi livelli, aveva una forte capacità, dopo i test, di interagire e di indirizzare i tecnici e gli ingegneri nella direzione corretta e per questo motivo nacque uno splendido rapporto personale con l'Ing. Torre che durò per anni; queste sono caratteristiche tecniche dimostrate a partire dalla messa in strada della Lambretta del 1947 fino allo sviluppo della Maserati Biturbo nei primi anni '80.

Come pilota era stato definito nel libro di Ceccarelli del 1949... «Rizzi un formidabile passista – abile a mantenere gli stessi tempi sul giro nelle sfide di durata sui circuiti – refrattario ad ogni fatica», mentre nelle gare di regolarità era caparbio costante e resiliente, nei test di record di velocità con la Lambretta Siluro era capace di spingere sempre al limite sia su pista che nei test autostradali tra Ospitaletto e Brescia o Monaco-Ingolstadt (sede del record di 201 km/h).

Dai racconti di papà: «Quegli anni sono stati vissuti con l'assoluta consapevolezza di aver fatto parte di una squadra formidabile di ingegneri, tecnici e piloti, pionieri del motociclismo italiano, che hanno contribuito alla leggenda della Lambretta e a costruire un mito che rimane vivo dopo più di settantacinque anni di storia».

Ebbe la capacità, in quegli anni, di conquistare ripetutamente, con altri piloti, decine di record mondiali sulla Lambretta A-B 1949 e Lambretta Siluro 1950 contribuendo anche allo sviluppo della Lambretta 250 bicilindrica.

Ricordo che papà aveva due idoli: uno era l'Ing. Torre e l'altro era l'Ing. Innocenti.

Amava definire l'Ing. Torre un genio e un mago della meccanica oltre che un signore d'altri tempi, assolutamente e totalmente ossessionato dalla velocità e dai record; era capace di pianificare ore e ore di lavoro sia per sé che per i meccanici e i piloti pur di guadagnare anche un solo chilomtero o un secondo di tempo.

Papà lavorò a stretto contatto con lui dal 1947 fino al 1962, quando Torre lasciò la Innocenti in quanto, nei primi anni '60, ebbero insieme un'altra meravigliosa avventura voluta da Ferdinando Innocenti: il Bundy Marine, una storia poco conosciuta, di un motore fuoribordo per piccole imbarcazioni.

Ferdinando Innocenti fu invece non solo un lungimirante imprenditore ma anche un grande uomo sotto tutti i punti di vista.

Ci fu un episodio molto particolare nel quale si dimostrò una persona squisita per vicinanza e affetto. A seguito di un incidente in una gara di regolarità in Sicilia, papà si ruppe un femore e, a quel punto, intervenne direttamente lui per organizzare il rientro in aereo a Milano (all'epoca non era così semplice) per poter garantire un'operazione chirurgica con i migliori medici di allora.

Ferdinando Innocenti fu sempre riconoscente e riconobbe i meriti sportivi di chi aveva portato la Lambretta all'eccellenza e con i suoi piloti fu generoso anche nel garantire la giusta ricompensa per i traguardi raggiunti.

Per i record del 1949 donò ai suoi piloti anche due medaglie d'oro mentre un'altra medaglia d'oro fu un riconoscimento ricevuto dalla Camera dei Deputati di Montecitorio.

I piloti ricevettero anche una preziosa targa, intitolata alla Società Innocenti, consegnata a ognuno, con il proprio cognome in rilievo in oro, dalla Federazione Motociclistica Italiana, per i record di febbraio, marzo e aprile 1949.

Dal fornitore dei pneumatici Pirelli ricevettero invece un orologio Marvin con la cassa in oro e con riportate sul fondello le date dei record: 23-24 marzo 1949, oltre al marchio del brand medesimo.

Scherzando, mio papà mi diceva che aveva dato tutto per anni per la Lambretta ... anche un femore in Sicilia (gara di regolarità) e un polso, sulla pista di Monza con la Lambretta 250 cc Bicilindrica.

Era orgogliosissimo di questi riconoscimenti e li custodì con la massima dedizione per decenni; da parte sua, la riconoscenza nei confronti di Torre e Innocenti è sempre stata altissima e si soffermava spesso a ricordare quanto queste persone avessero significato per lui nella sua vita sia dal punto di vista sia professionale che umano.

Personalmente ringrazio Vittorio per avermi dato la possibilità di emozionarmi scrivendo queste righe e di avermi fatto ricordare i Record con la Lambretta così come quegli anni meravigliosi della vita di mio papà.

Palmares Sportivo

Gare di regolarità

1948 - 1° classificato Milano-Sanremo (Rizzi - Cassola ex aequo)

1949 -1° classificato Valli bergamasche (Team)

1949 - 1 ° classificato 24 ore regolarità (Team)

Record velocità e durata

1949 - 11 febbraio, Roma-Ostia-Roma, Record 500 km/500 miglia - Piloti: Rizzi, Agonoa, Brunori, Masetti

1949 - 23-24 marzo, circuito di Montlhéry, Record 24 ore - Piloti: Rizzi, Brunori, Masetti, Masserini

1949 - 17-18-19 aprile, circuito di Montlhéry, Record 24 ore / 48 ore /5.000 km Piloti: Rizzi, Brunori, Masetti, Masserini

1950 - 27 settembre / 5 ottobre, circuito di Montlhéry, Record 6 ore / 12 ore / 1.000 km - Piloti: Rizzi, Ambrosini, Ferri

Ferdinando Innocenti was, instead, not only a forward-thinking entrepreneur but a great man in every way. There is a peculiar episode in which he proved to be an exquisite person in terms of closeness and affection. Following an accident in an endurance race in Sicily, my dad broke his thigh bone. Innocenti directly organised the plane to bring him back to Milan (not a simple matter back then) and guaranteed that the best doctors of that time would operate on him. He was always grateful and acknowledged the sporting qualities of those who had brought Lambretta to its level of excellence, even by rewarding his riders generously for their achievements. When they notched the record in 1949, he gave the riders two gold medals, adding to the gold medal received by the Italian Chamber of Deputies. The team members also received precious plaques, with each of their surnames embossed and in gold, awarded to the Innocenti firm by the FMI (Italian motorcycling federation) for the records clocked in February, March and April 1949.

Moreover, the tyre supplier Pirelli gave each of them a Marvin watch with a gold case and the dates of the records engraved in the case back with the brand name: 23-24 March 1949.

La preziosa medaglia d'oro regalata da Ferdinando Innocenti a Riccardo in occasione dei record delle 24 ore di Montlhéry nel marzo 1949.

The precious gold medal given by Ferdinando Innocenti to Riccardo for the records reaped at the 24-Hour race of Montlhéry in March 1949.

My father jokingly used to say that he had given all that he had for the Lambretta… even a thigh-bone in Sicily and a wrist at the Monza circuit, astride a twin-cylinder Lambretta 250.

He was immensely proud of these rewards and cherished them for decades. He has always looked up to Torre and Innocenti like few others, and often repeated how much they had meant for him in his life from a professional and human perspective.

I personally thank Vittorio for having allowed me to write these lines and making me recollect the Lambretta's records and such magnificent years in the life of my father.

Trophy Room

Endurance races

1948 – 1st place – Milano-Sanremo (Rizzi and Cassola, joint 1st place)

1949 – 1st place – Valli Bergamasche (Team)

1949 – 1st place – 24 Hour endurance race (Team)

Speed and endurance records

1949 – 11 February, Rome-Ostia-Rome, 500 km/500 mi Record - Riders: Rizzi, Agonoa, Brunori, Masetti

1949 – 23-24 March, Montlhéry Circuit, 24-hour Record - Riders: Rizzi, Brunori, Masetti, Masserini

1949 – 17-18-19 April, Montlhéry Circuit, 24-hour/48-hour/5000 km Record - Riders: Rizzi, Brunori, Masetti, Masserini

1950 – 27 September/5 October, Montlhéry Circuit, 6-hour/12-hour/1000 km Record - Riders: Rizzi, Ambrosini, Ferri

Un giovanissimo Vittorio Tessera, super emozionato per la gradita visita di Riccardo Rizzi, che non vedeva l'ora di risalire in sella alla tanto amata Lambretta 250 da Gran Premio, progettata dell'Ing Salmaggi nel 1950-1953.

A very young Vittorio Tessera, incredibly thrilled about a visit by Riccardo Rizzi, who couldn't wait to get back on the saddle of his beloved Lambretta 250 GP, designed by Salmaggi in 1950-1953.

Gare di regolarità e in circuito

Questa foto è stata scattata in Australia, alla fine di una gara scooteristica. Chissà se in qualche angolo di quella terra sconfinata si sarà ancora questa speciale Lambretta?

This photo was taken in Australia at the end of a scooter race. Who knows if this special Lambretta still exists in a corner of that boundless land...

La Lambretta non è certo nata per un uso spiccatamente sportivo, perché era stata progettata per un impiego utilitario, pratico e votato all'economia.
Sembra strano, quindi, che un mezzo così semplice si sia potuto trasformare in un velocissimo motoveicolo, una vera "bomba meccanica" capace di gareggiare alla pari con moto delle più blasonate Case motociclistiche.
A tal proposito mi viene in mente un simpatico aneddoto che mi raccontò tanti anni fa l'amico Libero Galanti; lui era un grandissimo pilota e meccanico di Moto Guzzi e mi riferì che un giorno, mentre stava provando una Guzzi Albatros 250 (una vera moto da corsa), sulla strada tra Bergamo e Milano, si vide sorpassare da un piccolo scooter! Era Massimo Masserini, che stava provando una di quelle speciali Lambretta da record per verificare la velocità massima sul lungo rettilineo della strada Milano-Bergamo. Quando si fermarono per scambiare quattro chiacchiere, Galanti rimase impressionato dell'incredibile velocità della Lambretta e dovette ricredersi sulle potenzialità del piccolo scooter milanese. Fu un evento così particolare che a distanza di quarant'anni lo ricordava ancora con grande stupore e fu molto felice di condividere con me quella inaspettata esperienza.
Tornando alla nostra storia, la prima gara in assoluto cui l'Innocenti decise di partecipare con due Lambretta 125 A fu la Milano-Sanremo del 1948; per tale occasione vennero preparati due modelli identici, praticamente di serie, da far pilotare ai meccanici-collaudatori del Reparto Esperienze Rizzi e Cassola.

I primi eroi della grande storia sportiva Innocenti furono Cassola e Rizzi. Ho avuto la fortuna di conoscere entrambi e vi assicuro che erano due persone eccezionali!

The first two heroes in Innocenti sporting history were Cassola and Rizzi. I was lucky enough to know both of them and can assure you that they were two exceptional people!

Endurance and circuit races

The Lambretta was certainly not born for sporting use: it was a utility vehicle, promoted for its practicality and convenience. It therefore seems strange that such a simple vehicle could turn into a nimble racing bike: a true 'mechanical bomb' able to go head-to-head with its more decorated competitors.

Una bellissima immagine in piena velocità di una Lambretta da circuito. In questo caso è presente anche la carenatura completa della zona del motore, per migliorare ulteriormente l'aerodinamica del piccolo scooter.

A beautiful image of a track-going Lambretta at full throttle.In this case, it also includes the full engine fairing, designed to additionally improve the aerodynamics of the little scooter.

There is a funny anecdote on this topic that my friend Libero Galanti, a stellar Moto Guzzi rider and engineer, told me many years ago. One day, while he was testing a Guzzi Albatros 250 (a real racing bike) along the road between Bergamo and Milan, he was overtaken by a tiny scooter... It was Massimo Masserini, who was testing one of the special record-breaking Lambrettas to verify its top speed on a straight. When the two stopped to chat, Galanti stated how impressed he was about the surprising speed of the Lambretta and how he had changed his about on the potential of the little vehicle from Milan. It was such a special moment that, 40 years later, he was still amazed as he told me about it. He was happy to share such an unexpected experience.

Back to our story, the first-ever race that Innocenti entered with two Lambretta 125 A vehicles was the 1948 Milan-Sanremo. The firm prepared two identical and essentially standard models to be driven by the riders-testers from the Reparto Esperienze, Rizzi and Cassola.

After the positive experience, Innocenti began to seriously think about a special version to use at the tracks, where Vespa also raced – in the Scooter

Umberto Masetti, con il numero 51, pronto al via con il suo compagno di squadra. Le macchine da battere erano le velocissime MV con i motori monoalbero e poi bialbero, derivati dalle motociclette da Grand Prix.

Umberto Masetti, boasting number 51, at the start line with his teammate. The team to beat was MV, with its cam engine at first, then its twin-cam engine, derived from Grand Prix vehicles.

Verifiche di controllo prima della partenza della Milano-Taranto del 1950. Questa bella immagine arriva dell'album dei ricordi di Luigi Fumagalli, uno dei più validi piloti-collaudatori della Innocenti.

Testing before the start of the 1950 Milan-Taranto race. This pretty image was taken from the scrapbook of Luigi Fumagalli, one of the greatest Innocenti biker-testers of all time.

Dopo questa positiva esperienza la Innocenti cominciò a pensare seriamente a preparare una versione speciale da utilizzare in circuito, dove anche la Vespa gareggiava nella categoria Scooter.

Venne così allestita una piccola serie di Lambretta, derivate direttamente dalla versione da record, con l'aggiunta del parafango aerodinamico alla forcella anteriore.

In pratica si trattava di un mix tra una 125 A e una 125 B: il motore era quello della A mentre, per il resto, si preferì adottare il telaio e le ruote della B che, con il diametro da 8 pollici, miglioravano notevolmente la tenuta di strada.

Purtroppo nessuno di questi esemplari è giunto sino a noi e quindi dobbiamo accontentarci di sbiadite foto dell'epoca per apprezzare il raffinato lavoro che avevano fatto le maestranze del centro studi Innocenti.

Per le gare di regolarità si preferì un allestimento meno aggressivo e più vicino alle Lambretta di serie; le prime Lambretta A destinate a queste gare erano molto simili a quelle standard con alcuni accorgimenti per migliorare l'efficienza meccanica. In particolare venne spostata in alto la scatola cambio, che era in posizione davvero pericolosa, e venne maggiorato il serbatoio per migliorare l'autonomia.

Con l'arrivo della 125 B si preferì utilizzare il nuovo modello per far conoscere al pubblico la potenzialità del motore con lo snodo alla trasmissione posteriore.

Questo allestimento fu utilizzato solo sui modelli da regolarità e da gran fondo mentre per le gare di velocità in circuito si continuò a utilizzare la versione mix con il telaio, le ruote della B e il motore della A.

Della versione da regolarità ne furono allestite diverse tipologie a seconda del loro utilizzo: per la

È notte fonda e i partecipanti alla Milano-Taranto si apprestano a partire per la durissima gara di gran fondo; con il n. 24, Pollina che sarà seguito dal n. 27 Fumagalli.

In the middle of the night, the Milan-Taranto contestants are getting ready to start the strenuous endurance race. Pollina, n. 24, is followed by Fumagalli, n. 27.

Masetti posa orgoglioso davanti alla speciale Lambretta da record modificata per uso stradale con l'applicazione dell'impianto elettrico.

Masetti poses proudly before the special record-breaking Lambretta adjusted for road use with a change in the electrical system.

Fumagalli con la sua bellissima 125 B Sport del Gentlemen's MC Milano. Era una versione speciale della B destinata ai migliori piloti che partecipavano agli audax scooteristici e le gare cittadine.

Fumagalli with his stunning 125 B Sport of the MC Milano gentlemen's club. It was a special version of the B destined for the best audax and city race riders.

category. It this set up a small series of Lambrettas derived directly from the record-breaking version, with the addition of an aerodynamic mudguard between the legs of the front fork. It was essentially a mix between the 125 A and 125 B: the engine was identical to that of the A, whilst the B gave it its frame and wheels – that, with an 8-inch diameter, significantly improved roadholding.

Unfortunately, none of these vehicles made it to our day, thus we need to settle for the faded photographs from that time to appreciate the sublime work of the Innocenti R&D specialists.

As for the endurance races, the company preferred a less aggressive style; the Lambretta A vehicles were essentially standard bikes with a few tweaks to improve mechanical efficiency. In particular, the engineers shifted the gearbox higher up – it was in a rather dangerous position – and added a larger fuel tank to improve mileage.

Come the 125 B, the company switched to the new model to promote the potential of its rear-wheel drive. This setup was only used for long-distance races, while the 'mixed' version – with the B's wheels and A's engine – kept being used in circuit races.

In questo caso si tratta di una 125 B Sport della Scuderia Minetti Milano, modificata nel serbatoio per migliorare l'autonomia nei lunghi raid. Lo speciale cilindro montato sulle Sport si riconosce facilmente per il collettore di aspirazione in alluminio fissato con quattro piccole viti.

In this case, the bike is a 125 B Sport of the Scuderia Minetti Milano team, whose tank was adjusted to improve mileage for long-distance races. You can easily recognise the special cylinder for Sport versions by the aluminium air intake manifold fixed with four small bolts.

Milano-Taranto, per esempio, furono preparati due modelli con un serbatoio gigantesco per aumentare al massimo l'autonomia della Lambretta e ridurre, così, le fermate per i rifornimenti.
Molto popolari furono quelle preparate per la Scuderia Minetti di Milano.
Si trattava di modelli speciali, con serbatoio maggiorato e scarico alto, modificati nel motore per migliorare le prestazioni velocistiche. Erano facilmente identificabili per le decorazioni sul bauletto posteriore con la scritta "Scuderia Minetti Milano".
Chiaramente non tutti potevano permettersi di comperare questi speciali modelli preparati dalla Innocenti stessa e così molti appassionati si adattavano a farsi le modifiche in casa comprando sul mercato le elaborazioni di aziende after-market.
Di queste Lambretta ne sono sopravvissute diversi esemplari, a dimostrazione che all'epoca era molto diffusa la moda di modificare questi scooter per migliorare le prestazioni facendosi belli davanti agli amici del bar.

Cassola era uno dei più competenti responsabili del Centro Studi Innocenti ma era anche un buon pilota; qui lo vediamo in una gara di regolarità in sella a una 125 A con la scatola del cambio rialzata per non urtare contro le asperità del terreno.

Cassola was one of the most skilful directors of Centro Studi Innocenti but was also a good rider. You can see him in this image in an endurance race astride a 125 A with the gearbox raised to not be damaged by the rough terrain.

Cassola a destra e Rizzi a sinistra, teneramente abbracciati da un ragazzo che diventerà un grandissimo campione di motociclette: Umberto Masetti.

Cassola, right, and Rizzi, left, lovingly hugged by a young man who would become a great motorcycling champion: Umberto Masetti.

Different setups were prepared for the various endurance races, depending on the circuit features. For instance, for the Milan-Taranto, the manufacturer made two models with an enormous tank to improve mileage and thus reduce fuel stops. Another popular special version was the one made by Scuderia Minetti of Milan. The bikes it prepared had an oversized tank and a high exhaust, as well as an engine tuned to record higher speeds. They were easily identified by the decorations on the rear case stating Scuderia Minetti Milano.

Not everyone could afford the special models prepared by Innocenti itself, thus numerous enthusiasts settled for homemade solutions with after-market parts. Various examples of these survive to this day, which proves how big of a fad it was to fiddle with these scooters to improve their performance and brag about it at the bar.

Una classica 125 B trasformata da corsa utilizzando gli accessori che erano presenti sul mercato after-market. Tipico il serbatoio maggiorato per incrementare l'autonomia della Lambretta. Questo esemplare faceva parte della collezione di Howard Chambers, grandissimo collezionista inglese che, purtroppo, ci ha lasciati. Con grande generosità l'ha donata al Museo Scooter&Lambretta, dando la possibilità a tutti di conoscerla e apprezzarla.

A classic 125 B in a racing version made using after-market parts. It features the typical oversized tank for greater mileage. This example belonged to Howard Chambers, an immense British collector who, unfortunately, passed away. In an act of superb generosity, he donated it to the Museo Scooter & Lambretta, giving everyone the chance to know and admire it.

Montlhéry: il record delle 24 ore

I primati mondiali che la Lambretta 125 aveva battuto sull'autostrada Roma-Ostia (nel febbraio del 1949) costituivano un grande risultato per la giovanissima industria lombarda.

Ben 14 record erano stati ottenuti con una Lambretta praticamente di serie, con poche modifiche, ma ben preparata per l'occasione.

Però, per la gioia dei dirigenti della Innocenti e dei quattro piloti, Angonoa, Brunori, Maretti e Rizzi, c'era un'ombra: il risultato avrebbe potuto essere ancora più grande se il tracciato fosse stato più adatto alla Lambretta e se la polizia non avesse fatto terminare in anticipo i tentativi più lunghi (le famose 24 ore).

La Lambretta aveva vinto, ma avrebbe potuto stravincere!

La società Innocenti decise, allora, che per migliorare i record bisognava trovare un circuito più adatto per questo scopo.

La scelta cadde sul circuito di Montlhéry, in Francia, uno dei pochi ancora utilizzabili dopo il Secondo conflitto mondiale.

Il 23 e 24 marzo 1949 tutto il Team Lambretta era pronto per la grande avventura: conquistare al primo tentativo il record mondiale delle 24 ore nella categoria 125 cc!

I piloti che avrebbero tentato questa impresa erano: Brunori, Masserini, Masetti e Rizzi, coordinati dall'Ing Lauro (direttore generale dello stabilimento) e da Luigi Innocenti, figlio del fondatore Ferdinando. Capo della spedizione era l'Ing Torre, l'ideatore della Lambretta e responsabile assoluto di tutta la Squadra corse.

La Lambretta utilizzata per questi tentativi di record derivava dal modello 125 A con queste speciali modifiche:

1) Applicazione di un tunnel, nella parte centrale del telaio, per incrementare il raffreddamento del cilindro e ridurre l'usura del pistone.

Un po' di incitamento non fa mai male! Forza ragazzi, gas al massimo e vietato mollare!

A bit of encouragement is always good! C'mon guys, keep the gas going and don't back down!

Un controllo veloce alle puntine, croce e delizia di tutti i volani di quel periodo, e via!

A fast inspection of the flywheel dowels – the pleasure and pain of all flywheels at that time – and off we go!

Montlhéry: the 24-hour record

The world records that the Lambretta 125 had broken on the Rome-Ostia highway (in February 1949) were a stellar result for the extremely young Lombard firm. As many as 14 records were achieved with an essentially standard vehicle, with only a few tweaks, but well-prepared for the occasion. Yet, there was a shadow looming over Innocenti managers and the four riders Angonoa, Brunori, Maretti and Rizzi, despite their happiness: the result could have been even greater on a more appropriate circuit for the Lambretta... and if the police had not interrupted the longest attempts (the famous 24 hours) ahead of time. The Lambretta had won the crown, but it could have been the queen of queens!

Innocenti thus decided that to improve on such records, a more suitable circuit had to be found shortly. It opted for Montlhéry, in France, one of few tracks that were still in good shape after World War II.

On 23 and 24 March 1949, the entire Lambretta Team was ready for the big adventure: to grab the world 24-hour record in the 125-cc category on the first attempt! The riders who would have a go at this feat were Brunori, Masserini, Masetti and Rizzi, coordinated by Lauro (the general manager of the plant) and Luigi Innocenti, the son of the founder Ferdinando.

The head of the expedition was Torre, the mechanical engineer who had created the Lambretta and was the grand manager of the racing department.

The Lambretta used for these attempted records derived from the 125 A, with these special adjustments:

1) Addition of a tunnel in the central part of the frame to improve cylinder cooling and reduce piston wear.

2) Increase in compression ratio up to the maximum limit permitted by the 100-octane fuel with a 10% ethanol content.

3) Adjustment of the section and re-phasing of the cylinders to increase horsepower. The vehicle reached 8 hp at 8300 rpm in this test.

4) Addition of a larger carburettor, with the addition of an octane booster to compensate the temperature differences between the day and night.

5) Addition of a 'trombone' exhaust for maximum performance.

6) Implementation of a tank boosted to 14 litres to guarantee a mileage at full throttle of about 250 km. Fuel consumption turned out to be much lower: 23 km/litre.

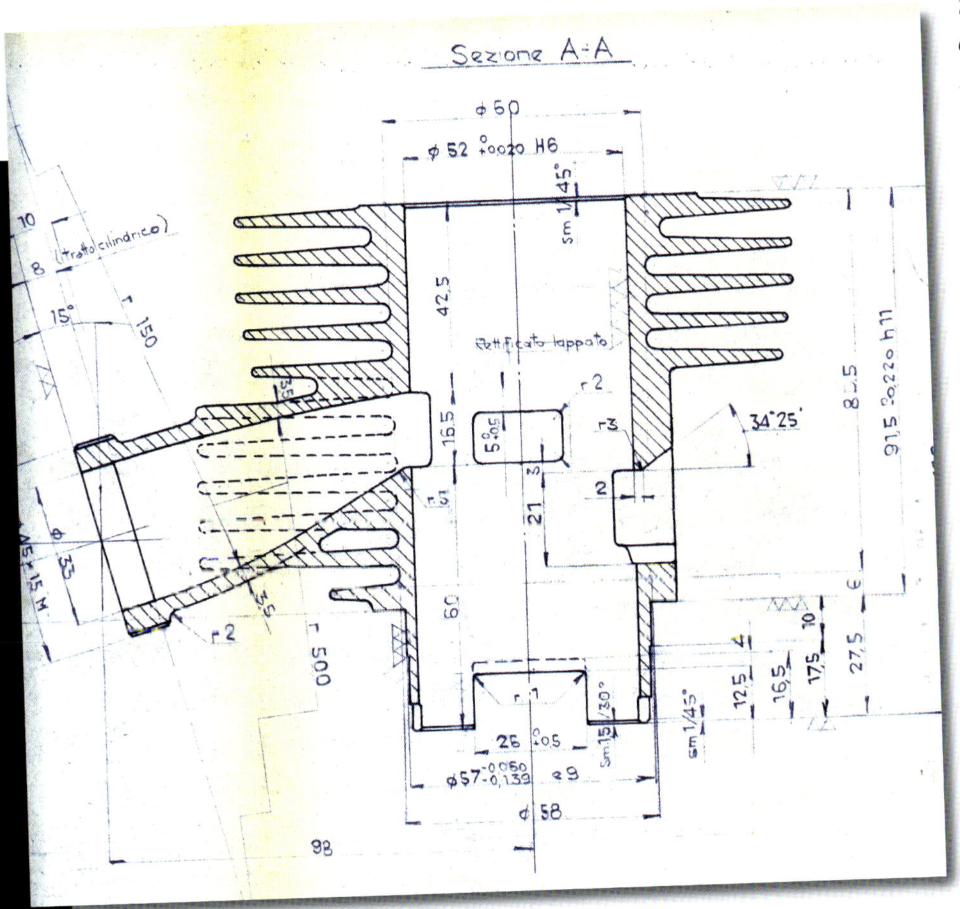

Disegno originale del cilindro utilizzato per il record delle 24 ore. Aveva sempre solo due travasi ma lo scarico e l'aspirazione erano decisamente più grandi rispetto all'originale di serie.

An original drawing of the cylinder used to break the 24-hour record. It always had only two ports, but the exhaust and intake valve were definitely larger than in the standard version.

2) Aumento del rapporto di compressione fino al limite massimo consentito dalla benzina a 100 ottani, con la percentuale di olio al 10%.
3) Modifica della sezione e della fasatura delle luci del cilindro per aumentare la potenza al motore. Per questa prova si era raggiunta la potenza massima di 8 CV a 5.300 giri.
4) Montaggio di un carburatore di maggior diametro, con arricchitore della miscela per compensare le differenze di temperatura tra il giorno e la notte.
5) Applicazione di una marmitta a tromboncino per ottenere le massime prestazioni.
6) Adozione di un serbatoio maggiorato a 14 litri per poter garantire una autonomia a pieno gas di circa 250 km. Nella realtà, il consumo fu molto più basso, raggiungendo i 23 km/litro.
7) Sostituzione del normale telaio posteriore con una leggerissima struttura in tubi che, oltre a ridurre sensibilmente il peso, migliorava anche il deflusso dell'aria di raffreddamento del motore. Il peso della macchina, senza olio e benzina, era di circa 55 kg.
8) Spostamento del pedale del freno posteriore e delle pedane poggiapiedi per migliorare la posizione di guida e l'aerodinamica.
9) Adozione di un cupolino sullo sterzo per migliorare l'efficienza aerodinamica dello scooter e proteggere i piloti dalle basse temperature notturne.
10) Applicazione dell'impianto elettrico con fari, per la guida notturna.

Tutto era stato predisposto con cura maniacale, l'Ing Torre aveva calcolato con precisione i consumi di carburante e le soste da fare per i rifornimenti e il cambio piloti. L'ottimismo era alle stelle, la Lambretta era perfetta e i piloti sicuri del successo.

Le uniche persone che erano convinte dell'insuccesso del tentativo erano i commissari di pista francesi, che non avevano predisposto il turno notturno perché erano certi che la Lambretta si sarebbe fermata molto prima della notte!

Ma il successo c'è stato ed è stato incredibile: demoliti ben 33 record, compreso quello delle 24 ore, alla formidabile media di 94,5 km/h (record valido anche per le categorie 175 e 250 cc).

Nella categoria 2 ore, la media era stata di 108.905 km/h, una velocità incredibile per un piccolo motoscooter nato solo diciotto mesi prima.

Naturalmente ci sono stati anche problemi meccanici, il più fastidioso è stato un difetto elettrico del faro che continuava a bruciare le lampadine; questo grave problema ha causato una perdita di tempo imprevista che ha ridotto sensibilmente la media di gara. Inoltre, anche un forte vento contrario aveva contribuito a ridurre la velocità assoluta di marcia.

Ma tutto questo onore non bastava ancora alla nostra

Un giovanissimo Umberto Masetti posa felice in sella alla super Lambretta 125 A da record.

Bella foto di gruppo di tutti i protagonisti di questo incredibile evento. Da sinistra: Masserini, Masetti, l'Ing. Torre, il Dott. Lauro, Brunori, Rizzi. Bravi, bravi tutti, siete stati fantastici!

A very young Umberto Masetti poses happily astride the supreme record-breaking Lambretta 125 A.

A pretty group picture of all the protagonists of this incredible event. From the left: Masserini, Masetti, Torre, Dr. Lauro, Brunori, Rizzi. Good job, everyone, you were all fantastic!

7) Replacement of the regular rear frame with an ultra-lightweight tubular structure that, as well as significantly reducing weight, improved the natural cooling of the engine. The vehicle weighed – without motor oil and petrol – about 55 kg.

8) Shifting of the rear brake and the footrests to improve driving posture and aerodynamics.

9) Addition of a cowl in front of the handlebar to improve aerodynamic efficiency and protect drivers from the low night temperatures.

10) Implementation of an electrical system including lights for nighttime driving.

Everything had been set up with pernickety care. Torre had meticulously calculated fuel consumption and the fuel stops/rider change stops. Optimism was blooming: the Lambretta was perfect, and the drivers were certain of a successful outcome.

The only two people who were convinced of the opposite were the French track officials, who hadn't even organised a night shift because they were sure that the Lambretta would stop much sooner than the evening!

Yet, success arrived, and it was outstanding: 33 records were demolished, including the 24-hour record, at the eye-popping average speed of 94.5 km/h (a record that also applied to the 175 and 250-cc categories). In the 2-hour category, the average speed recorded was 108.905 km/h, a supersonic result for a small scooter born only 18 months earlier.

Of course, there had been a few mechanical failures. The most annoying was an electrical flaw in the lamp, which kept on causing the lights to burn out. This issue caused a few setbacks and considerably reduced the average speed recorded. A strong upwind reduced overall speed too.

Nonetheless, the little Lambretta was not satiated yet. The next record to beat was the toughest: the 48-hour record. Thus, all the happy family returned to Montlhéry in late April 1949 to achieve the most complete and spectacular success. Same riders, same team, same organisation – now even more efficient, after the 24-hour record experience.

And the Lambretta didn't let anybody down! It destroyed the world 48-hour record at a fantastic average speed of 98 km/h, plus dozens of minor records that were valid for the 125, 175, and 250-cc classes.

At the end of the arduous feat, Masserini, with great pride, got back on the saddle of the bike to run 12 laps at top speed to prove that the Lambretta was still in perfect shape and could travel thousands more miles. In one of the last laps, it reached peaks of 113 km/h, going to show the engine quality after running for 48 hours and about 5000 km.

At the end of the test, the engine was fully disassembled

L'officina di manutenzione non era certo uno spazio degno di quelle Lambretta. Notare che erano stati portati due modelli identici, certamente uno era di riserva nel malaugurato caso che una si rendesse irreparabile per una caduta accidentale.

Il momento più emozionate, ultimo controllo al cronometro e poi via per la lunga avventura.

The maintenance workshop was certainly not a place worthy of these Lambrettas. Notice that two identical models had been brought to France, in the unfortunate event that the other was irreparable after a fall.

The most exciting moment: a final stopwatch inspection, and may the long adventure begin!

piccola Lambretta, ora il record da battere era quello delle 48 ore, il più difficile, il più insidioso.
E così tutta la nostra compagnia tornò a Montlhéry, a fine aprile del 1949, per tentare di raggiungere il trionfo più completo e spettacolare. Stessi piloti, stesso team, stessa organizzazione, ora più efficiente dopo la meravigliosa esperienza del record delle 24 ore.
E grande successo fu! Demolito il record mondiale delle 48 ore con una fantastica media di 98 km/h e conquistati ancora decine di record minori, validi sia per la classe 125 che 175 e 250 cc.
Al termine della prova Masserini, con grande spirito d'orgoglio, si mise di nuovo in sella per percorrere 12 giri alla massima velocità dimostrando che la Lambretta era ancora perfetta e che avrebbe percorso migliaia di chilometri. In uno degli ultimi giri riuscì a raggiungere i 113 km/h dimostrando la qualità del motore dopo aver girato per 48 ore e percorso circa 5.000 chilometri.

Il negozio Minetti di Milano dove venne esposta in pompa magna la regina dei record delle 24 ore: la Lambretta 125 A competizione, un piccolo bolide a due ruote!

The Minetti shop in Milan where the queen of the 24-hour record is proudly on show: the Lambretta 125 A 'competizione', a little beast on two wheels!

Al termine della prova il motore è stato completamente smontato per verificare le condizioni degli organi interni. Il pistone non riscontrava tracce di annerimento e fuga di gas, mentre sul cielo presentava solo incrostazioni di lieve entità. Nel condotto di scarico non vi era la presenza di prodotti carboniosi e tutti gli altri organi sono stati trovati in perfetta efficienza, segno che il motore non aveva sofferto per questa prova così impegnativa.
Prima di congedarsi dall'autodromo, il nostro team è stato festeggiato anche dai tecnici della pista, che dichiararono che era la prima volta nella storia di Montlhéry che veniva raggiunto un primato di tale importanza al primo tentativo.
E adesso un po' di simpatiche curiosità.
Un grande alleato dei quattro piloti è stato il meccanico francese Robert, che si è impegnato più di tutti a tenere alto il morale del team.
Quando un pilota dava l'impressione di addormentarsi, il fido Robert si produceva in capriole, salti mortali e formidabili scene comiche, al pari dei più accreditati clown. Una sana risata è stata la miglior medicina contro la sonnolenza.
Per quanto riguarda Masetti, scoperto il suo debole per le belle donne, il buon Robert si era premunito di un vasto campionario di fotografie di belle ragazze, che esponeva ogni volta che Masetti arrivava sul rettilineo. Un modo semplice ed efficace per risvegliare lo spirito del pilota!
A Brunori, invece, da gran cacciatore di lepri, non sembrava vero di vedere conigli e leprotti attraversare la pista al suo passaggio; e così ha trasformato la Lambretta da record in una macchina caccia lepri e conigli. Non sappiamo quanti ne ha colpiti, ma abbastanza per una bella cena con tutta la compagnia del team.
Con questi grandi risultati, la Innocenti dimostrò al mondo intero che la neonata Lambretta era uno scooter dalle doti eccezionali, una vera motocicletta in miniatura, affidabile e sicura, un prodotto italiano di altissimo livello! È con queste qualità che la Lambretta saprà conquistarsi le simpatie di tutti gli scooteristi del pianeta e ancora oggi è apprezzata e desiderata da migliaia di appassionati.
Testi e dati tratti dal libro *Sport-Moto "la Lambretta di Montlhéry"*.
Per la conquista di questi importantissimi risultati la Innocenti allestì un modello che era un mix tra la Lambretta A e la B. Per il motore si preferì utilizzare quello della A in quanto non aveva il complesso sistema a snodo che ne avrebbe ridotto notevolmente la resa. Anche il telaio era della A mentre per la forcella anteriore, alleggerita nei fianchi, si preferì quella della B, compreso il sistema di molleggio a molle cilindriche; vennero poi adottate le ruote da 8 pollici, per migliorare la tenuta di strada e la maneggevolezza.
Questo speciale modello, con piccole varianti, fu prodotto in una piccola serie per i piloti che partecipavano a gare scooteristiche. Una di queste è finita persino in Australia, a uso dei piloti locali che dovevano dimostrare, anche ai più scettici, le grandi potenzialità della Lambretta.

La rivista francese Moto Révue dedicò un interessante articolo ai record della Lambretta. In questi bellissimi disegni si possono vedere i particolari costruttivi di questo speciale modello.

French magazine Moto Révue dedicated an interesting article to the Lambretta's records. In these beautiful drawings, you may admire the construction details of the special model.

Moto-Revue 120 1er Avril 1949

Le scooter des records du monde LAMBRETTA

to verify the conditions of its internal parts. The piston had no signs of blackening or gas leakage and had nothing but minor scaling under the head. The exhaust had no carbon buildup, and all other parts were fully efficient. In short, the engine had come out of such an excruciating test unscathed. Before the team left the track, they were celebrated by the track officials, who stated that such a prestigious record, on the first attempt, had never been recorded in the history of Montlhéry.

Now a few fun facts.

An excellent ally of the four drivers was French mechanic Robert, who put an extra effort into keeping the spirits of the team high during the event. When a driver seemed drowsy, Robert flipped in the air, made somersaults and offered comical sketches worthy of the most decorated international clowns. A good laugh is the best medicine against sleepiness.

As for Masetti, Robert found out about his sweet tooth for pretty women and had stocked up on a vast assortment of photographs that he exposed every time Masetti drove along the straightaway. A simple and efficient way to lift the rider's spirits!

Brunori, instead, was an avid hare hunter, and couldn't believe the quantity of rabbits and hares crossing the track. He thus turned the record-breaking Lambretta into a hunting machine. We do not know for sure how many he hit, but they were enough for a nutritious meal with his teammates.

Thanks to these great results, Innocenti showed the world that the newborn Lambretta was a high-level scooter: a miniature motorbike that was reliable, safe and a top-notch Italian product! These credentials would make the Lambretta a favourite of scooter enthusiasts worldwide, still appreciated by thousands of fans today. Text and data based on the book 'la Lambretta di Montlhéry' edited by Sport-Moto.

To achieve these outstanding results, Innocenti set up a model that was a mix between the Lambretta A and B. The company chose to use the engine of the A, as it did not have the complex lever system that considerably reduced efficiency. The chassis was also from the A, whilst the front fork, with a lightening of the sides, was from the B, including the cylindrical spring system. Finally, it was added 8-inch wheels to improve roadholding and manoeuvrability.

This special model, with a few variations, was manufactured in a small batch for scooter racing riders. One example ended up as far as Australia to be used by local riders and prove to everyone, even the most sceptical, the great potential of the small Lambretta.

Foto ufficiale della Lambretta da record per le riviste. In effetti sembrerebbe quella di scorta perché ha il parafango anteriore chiuso mentre il modello del record aveva il parafango aperto.

An official photograph of the record-breaking Lambretta for the magazines. Truth be told, it seems like the spare bike, because it has a closed mudguard, whilst the record-setter had an open mudguard.

La pubblicità

Il rarissimo modello in ceramica della Lambretta 125 m con il ragazzo e il cagnolino. Ne sono stati fatti diversi esemplari leggermente differenti tra di loro.

The ultra-rare statuette of the Lambretta 125 m with the young man and little dog. Various examples, all slightly different from each other, were made.

La Innocenti comprese subito che per promuovere in modo adeguato un nuovo prodotto era necessario investire in pubblicità, anche perché lo stabilimento non si era mai interessato di motoveicoli e, quindi, doveva farsi conoscere alla nuova potenziale clientela. La prima iniziativa in assoluto che venne intrapresa dalla Innocenti fu un originale annuncio radiofonico che, dopo una musichetta di stile americano, diceva il seguente slogan: "Sono le 20 e 35, è l'ora della Lambretta!"

Questo annuncio fu un'idea geniale e innovativa in questo campo; centinaia di persone, incuriosite dal nuovo prodotto, inviarono lettere di richiesta per conoscere il modo di acquistare lo scooter e i tempi di consegna.

Advertising

La famosa copertina del depliant per la promozione della 125 m. Il ragazzo vestito da cowboy fu scelto perché era un momento storico in cui gli americani erano realmente popolari tra i giovani e, quindi, attirava molto l'attenzione dei futuri acquirenti.

The famous cover of the brochure to promote the 125 m. The image of the young man dressed as a cowboy was chosen because it was a time when the US culture was truly popular among the youth and, thus, attracted future purchasers.

Innocenti soon understood that to adequately promote a new product, it had to invest in advertising, even because it had never manufactured motorcycles and, therefore, had to make a name for itself among the new potential customers.

The first initiative ever was a curious radio announcement that, after an American-style tune, stated: 'It's 8:35 p.m.: it's Lambretta time!'. This announcement was a bright and innovative idea in the field. Hundreds of curious people sent in letters to know how

La parte interna del primo depliant, questa volta in inglese, dove sono descritte anche le varie versioni del furgoncino "f", che non verrà mai costruito e si dovrà attendere il tipo FB, che uscirà solo verso la metà del 1949.

The inside of the first brochure – the English version, in this case – that also described the various versions of the 'f', the three-wheeled utility vehicle that would never be manufactured – another model, the FB, would be produced in late 1949.

Questa volta la pubblicità della 125 m è in francese, prova della volontà Innocenti di affacciarsi a tutti i potenziali clienti in campo internazionale.

In this case, the 125 m ad is in French, which is a proof of Innocenti's urge to conquer every possible customer worldwide.

Una simpatica immagine di un cowboy in carne e ossa felicemente seduto su una fiammante 125 m con, alle sue spalle, il cartello pubblicitario del commissionario di zona.

A funny image of a cowboy in the flesh, happily sitting on a shiny new 125 m before a billboard advertising the local 'commissioner'.

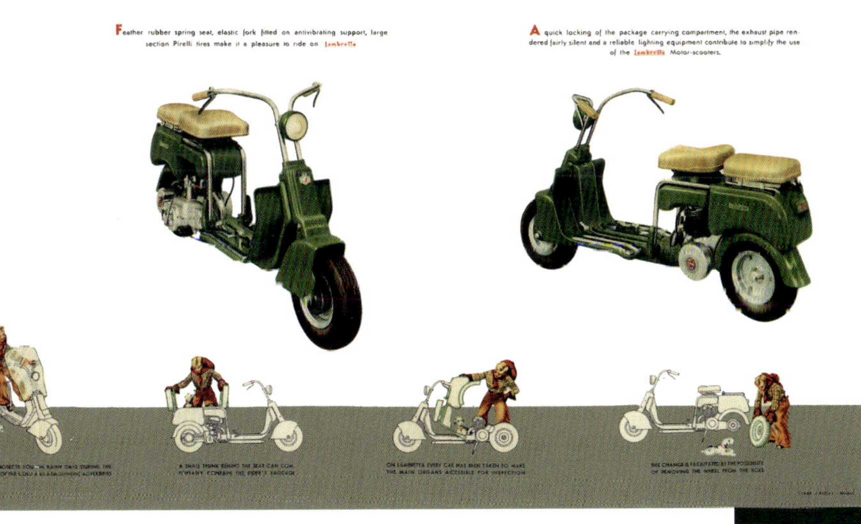

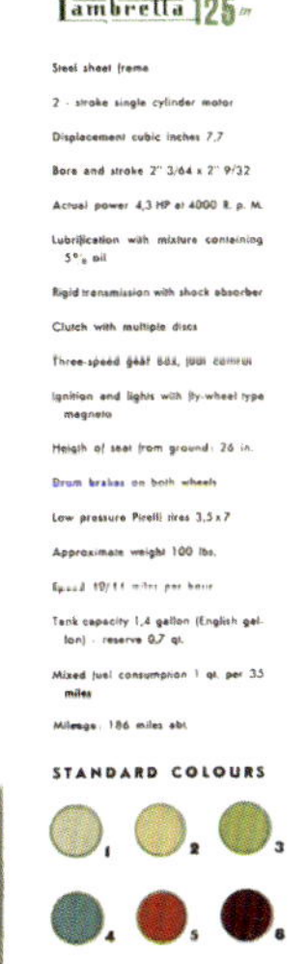

SPECIFICATIONS OF THE Lambretta 125 m

Steel sheet frame

2 - stroke single cylinder motor

Displacement cubic inches 7,7

Bore and stroke 2" 3/64 x 2" 9/32

Actual power 4,3 HP at 4000 R. p. M.

Lubrification with mixture containing 5% oil

Rigid transmission with shock absorber

Clutch with multiple discs

Three-speed gear box, [illegible]

Ignition and lights with fly-wheel type magneto

Heigth of seat from ground: 26 in.

Drum brakes on both wheels

Low pressure Pirelli tires 3,5 x 7

Approximate weight 100 lbs.

Speed [illegible] miles per hour

Tank capacity 1,4 gallon (English gallon) - reserve 0,7 qt.

Mixed fuel consumption 1 qt. per 35 miles

Mileage: 186 miles abt.

STANDARD COLOURS

1 2 3 4 5 6

Anche una bella ragazza poteva servire a incrementare le vendite della 125 m. Notare che l'esemplare fotografato ha i cerchi in alluminio e il contachilometri, due accessori che oggi sono particolarmente ambiti dai collezionisti.

A pretty girl could also help boost the sales of the 125 m. Notice that the example in the photo has aluminium wheels and an odometer, which are two of the most coveted accessories by collectors today.

Un nuovo slogan per la 125 B: "Acquista una Lambretta e spendi la differenza". In questo caso la Lambretta veniva raffigurata con due persone a bordo, per dimostrare le capacità di carico del piccolo scooter.

A new claim for the 125 B: 'Purchase a Lambretta and spend the difference'. In this case, the Lambretta is shown with two passengers to show the potential payload of the little scooter.

Purtroppo, come sappiamo, la Lambretta era ben lontana da essere pronta e la Innocenti si trovò a gestire un gran numero di lamentele per il grave ritardo nelle consegne.

Per tamponare la difficile situazione, venne preparato un bellissimo depliant a colori di sei pagine, a grande formato, dove erano descritte, con precisione, tutte le caratteristiche tecniche del nuovo scooter, compresi gli accessori.

Un'altra bella iniziativa, peccato che per realizzare il depliant ci si trovò ancora una volta senza Lambretta; per risolvere il problema si dovettero preparare dei disegni che rispecchiavano più o meno il nuovo prodotto Innocenti.

Finalmente, a ottobre del 1947 si iniziò la produzione della 125 m, una data molto importante perché da quel mese la Lambretta cominciò la sua lunga carriera, costellata di grandi successi e incredibili trionfi.

Per tutto il 1948 la Innocenti non aggiornò le sue pubblicità e mantenne quella

In questo curioso dépliant della 125 B si pubblicizza ancora il furgoncino "f". Era passato quasi un anno da quando era stato presentato sul primo depliant della 125 m e si continuava ancora a promuoverlo, sapendo bene che non sarebbe mai entrato in produzione!

This curious 125 B brochure still promoted the 'f' utility vehicle. A year had passed since it was presented on the first brochure for the 125 m and it was still promoted, despite knowing it would never be manufactured!

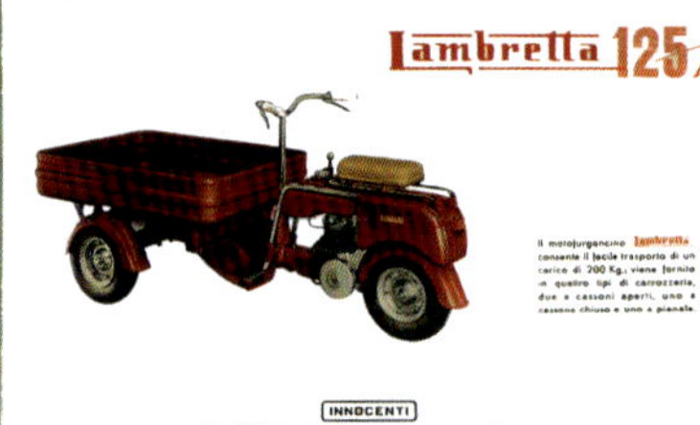

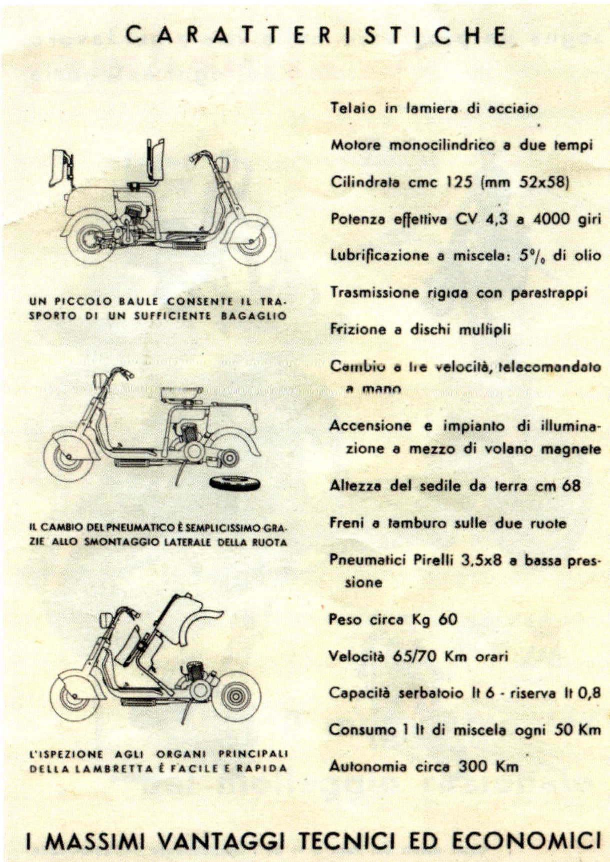

CARATTERISTICHE

Telaio in lamiera di acciaio
Motore monocilindrico a due tempi
Cilindrata cmc 125 (mm 52x58)
Potenza effettiva CV 4,3 a 4000 giri
Lubrificazione a miscela: 5% di olio
Trasmissione rigida con parastrappi
Frizione a dischi multipli
Cambio a tre velocità, telecomandato a mano
Accensione e impianto di illuminazione a mezzo di volano magnete
Altezza del sedile da terra cm 68
Freni a tamburo sulle due ruote
Pneumatici Pirelli 3,5x8 a bassa pressione
Peso circa Kg 60
Velocità 65/70 Km orari
Capacità serbatoio lt 6 - riserva lt 0,8
Consumo 1 lt di miscela ogni 50 Km
Autonomia circa 300 Km

UN PICCOLO BAULE CONSENTE IL TRASPORTO DI UN SUFFICIENTE BAGAGLIO

IL CAMBIO DEL PNEUMATICO È SEMPLICISSIMO GRAZIE ALLO SMONTAGGIO LATERALE DELLA RUOTA

L'ISPEZIONE AGLI ORGANI PRINCIPALI DELLA LAMBRETTA È FACILE E RAPIDA

I MASSIMI VANTAGGI TECNICI ED ECONOMICI

Nella pagina delle descrizioni tecniche si illustra la facilità di sostituire la ruota posteriore; per l'anteriore era meglio non farla vedere perché era decisamente molto più complicata.

The technical specification page describes the ease of rear wheel replacement. It was better not to show the front wheel replacement, as it was definitely more complex!

In questa brochure in francese si voleva illustrare le molte possibilità di utilizzo della Lambretta; ormai lo scooter era diventato a tutti gli effetti un compagno di vita e di svago.

In this brochure in French, the company wished to underline the Lambretta's many uses: it had, by then, become a partner in life and leisure.

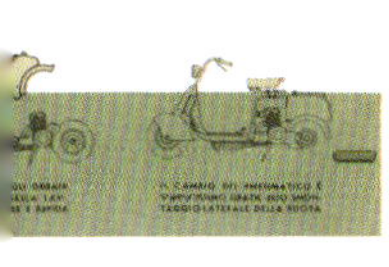

they could purchase the scooter and how long the delivery time was. Unfortunately, as we all know, the Lambretta was far from ready, and Innocenti found itself handling a large number of complaints for the serious delay in deliveries.

To iron the situation out, the company prepared a beautiful 6-page, large-format brochure in colour in which it described all of the new scooter's technical features in detail, including the accessories. It was another beautiful initiative, if it hadn't been that to make the brochure, the firm found itself still without the Lambretta. To solve the issue, it had to produce drawings that more or less represented the new product.

Finally, in October 1947, Innocenti launched production of the 125 m. It was a very important date because that month marked the start of the Lambretta's long career, studded with stellar successes and incredible feats. For the whole of 1948, Innocenti never updated its ads, maintaining the one it had already used in 1947, with the beautiful image of the young man dressed as a cowboy with a little dog beside him.

Anche negli USA la piccola Lambretta 125 B era venduta con successo. Si era dimostrata molto utile per muoversi nel caotico traffico delle grandi città americane.

The little Lambretta 125 B reaped commercial success in the US, too. It proved to be quite useful for moving in traffic in the chaotic American cities.

già utilizzata nel 1947 con la bellissima immagine del ragazzo vestito da cowboy con il cagnolino seduto accanto.

A tal proposito ricordo che la Innocenti preparò anche una piccola serie di modelli in ceramica smaltata da omaggiare ai commissionari più meritevoli. Oggi questi oggetti sono rarissimi e il loro valore è indiscutibilmente molto alto. Attenzione ai falsi, perché alcuni anni fa sono state fatte in Inghilterra alcune repliche in gesso bianco, e ora potrebbero capitare sul mercato come originali dell'epoca.

Solo alla fine del 1948, con l'introduzione della 125 B, la Innocenti decise di investire più soldi sulla pubblicità e cominciò ad essere presente sulle testate motociclistiche più prestigiose con annunci a pagina intera.

Un'azione certamente più incisiva ed energica che si rivelò determinate per incrementare le vendite della nuova 125 B.

Per convincere i futuri acquirenti si faceva leva su diversi temi su cui la Lambretta eccelleva per le sue altissime qualità costruttive: i viaggi erano la prova che l'affidabilità era eccellente e si potevano percorrere lunghi tragitti senza problemi; le gare, invece, dimostravano che la piccola Lambretta aveva potenzialità enormi e che si poteva viaggiare a medie velocistiche simili a quelle di una vera motocicletta.

Chiaramente la Innocenti si impegnò parecchio anche nella partecipazione a fiere e mostre locali per essere più vicina al pubblico e dimostrare le grandi qualità della nuova Lambretta.

Con la 125 A ogni viaggio era possibile!
Il Sig. Velez riuscì nell'intento di attraversare tutta l'America del Sud con la sua fidata Lambretta 125 A. Notare le due grandi trombe fissate sul frontale, forse per spaventare gli animali che si trovavano lungo le strade.

With the 125 A every trip was possible! Mr. Velez managed to cross the whole of South America with his trusted Lambretta 125 A. Notice the two large horns fixed to the bumper, perhaps to scare off animals passing along the streets.

Verso la metà del 1949 venne lanciato un nuovo slogan che verrà utilizzato per diversi anni "La felicità va in Lambretta!".

Towards the middle of 1949, the company launched a new catchphrase that would last several years: 'Happiness rides a Lambretta!'.

Anche una ragazza poteva guidare una Lambretta con il sidecar perché lo scooter era adatto a tutti; la facilità di guida e la grande maneggevolezza erano il segreto del suo grande successo.

'Even' a woman could drive a Lambretta with a sidecar because the scooter was designed for all users. Its drivability and manoeuvrability were the secrets to its immense success.

Non c'erano limiti per la Lambretta; anche nelle più impervie strade in montagna, il piccolo scooter sapeva muoversi con disinvoltura portando il suo pilota alle più impegnative destinazioni.

The Lambretta had no limits: even on the roughest mountain roads, the little scooter moved confidently and brought its rider to the most extreme destinations.

Anche un bambino poteva riparare la Lambretta di papà!... Non proprio, perché se doveva smontare il motore era meglio che prima si laureasse in ingegneria meccanica.

Even a child could fix daddy's Lambretta!... maybe, because if dad asked him to disassemble the engine, he needed to get a degree in mechanical engineering first!

In this regard, I remember that Innocenti also prepared a small series of enamelled ceramic models as a bonus for its worthiest clients. Today, such objects are extremely rare and have an indisputably high value. Beware of fakes, because a series of white plaster replicas were made in the UK and might still circulate on the market as originals from that time.
It was as late as the end of 1948, with the introduction of the 125 B, that Innocenti chose to invest more money in advertisement and started to appear in the most famous motorcycling magazines, even with full-page ads. This was certainly a more incisive and motivated move that proved to be crucial in increasing sales of the new model.
To convince future buyers, Innocenti leveraged different areas in which the Lambretta excelled in terms of manufacturing quality: its reliability over long distances, thus granting long travels, stress-free; a knack for racing, proving that the little scooter had an enormous potential and could travel at an average speed that was quite close to that of a regular motorbike.
Of course, Innocenti also put an effort into taking part in local trade shows and exhibitions to be closer to its customers and show them the strengths of the new Lambretta.

All'uscita dalla chiesa le Lambretta, perfettamente allineate, fanno da cornice ai felici, nuovi sposi. Elegantissimi i due sidecar, prodotti dalla Cimem di Milano, con i magnifici decori sulle fiancate della carrozzeria.

As they exited the church, the perfectly aligned Lambrettas framed the happy newlyweds. Notice the incredibly classy sidecars, made by Cimem of Milan, with the magnificent adornments.

Matrimonio in Lambretta

Il primo matrimonio in Lambretta venne organizzato nel 1949 dai dipendenti dello stabilimento Innocenti per le nozze di Virginia Tonetti con Galvano Galvan.

Fu un evento memorabile perché si riuscì a coinvolgere un grande numero di Lambrettisti e il corteo che percorse il centro di Milano fu calorosamente applaudito da tutti i passanti.

L'avvenimento venne ripreso dalle più importanti testate giornalistiche, compresa la rinomata rivista *Motociclismo*, che riservò un ampio spazio a questo particolare evento.

Questo speciale matrimonio confermò ancora una volta che la Lambretta era ormai diventata, a tutti gli effetti, una componente della famiglia, insostituibile aiuto per tutti gli spostamenti in assoluta libertà e con modesti costi di gestione.

A wedding on a Lambretta

La sposa è pronta per partire, lo sposo la seguirà sull'altro sidecar appositamente preparato per l'evento.

The bride is ready to depart, the groom following her on the other sidecar, specifically prepared for the event.

The first wedding on a Lambretta was organised in 1949 by the Innocenti employees for Virginia Tonetti and Galvano Galvan.
It was a memorable event, because it brought together a large number of Lambrettisti, and the procession crossing downtown Milan was warmly applauded by all passers-by.
The event was reported by all major newspapers and magazines, including the famous Motociclismo, which published a long article about it.
This special wedding confirmed, once again, that the Lambretta had become by all means a family member and irreplaceable helping hand for every travel, in absolute freedom and with modest maintenance costs.

Il lungo corteo con i due sidecar passa di fronte alla torre Velasca del Castello Sforzesco, simbolo per eccellenza della grande Milano.

The long parade with the two sidecars drove by the Velasca Tower of the Sforzesco Castle, the quintessence of Milan's greatness.

Arrivo del corteo presso il ristorante per il pranzo nuziale. Notare che le due Lambretta B davanti al gruppo sono versioni speciali Sport della Scuderia Minetti di Milano. Si riconoscono facilmente per il decoro sul bauletto posteriore e per il serbatoio maggiorato.

Arrival of the group at the restaurant for the wedding reception. Notice that the Lambretta B leading the pack are special Sports versions by Scuderia Minetti Milano. They are easily recognised by the decoration on the rear top case and the oversized tank.

La Scuderia Minetti

Il commissionario Minetti di Milano è stato il primo negozio a vendere la Lambretta in Italia.
Era una delle più importanti aziende milanesi, concessionaria di autovetture fin da prima della guerra ed era specializzata in Alfa Romeo.
Nel 1949 costituì una speciale scuderia Lambretta per partecipare alle manifestazioni sportive motoristiche in tutta Italia.
Era una forma di propaganda per la stessa Minetti, ma era anche appoggiata ufficialmente dalla Innocenti, che vedeva in questa interessante iniziativa una importante forma di pubblicità per dimostrare ancora una volta l'assoluta efficienza della Lambretta 125 B e le sue qualità costruttive.
Tra le manifestazioni cui prese parte la Scuderia Minetti, la più importante fu l'assistenza al Giro d'Italia in bicicletta del 1949.

Pronti per la partenza, un calcio alla leva di avviamento e via!

Ready? Kickstart the bike and off you go!

La bella sfilata delle otto Lambretta 125 B pronte per affrontare il Giro ciclistico d'Italia; sono fotografate all'interno della concessionaria Minetti di Milano.

The pretty platoon of eight Lambretta 125 B, ready to take on the Giro d'Italia cycling race. The photo was taken at the Minetti dealership in Milan.

Furono preparate ben otto Lambretta 125 B per fare da apripista all'importante manifestazione ciclistica.
Un evento seguito da decine di migliaia di appassionati con le otto Lambretta che fecero anch'esse una bella figura!

Scuderia Minetti

Particolare del cartello dipinto, che veniva fissato sui fianchi del bauletto per identificare l'appartenenza alla Scuderia Minetti. In questo caso si tratta di una Lambretta modificata solo nelle pedane poggiapiedi, nel serbatoio e nel manubrio, mentre il motore era rimasto strettamente di serie.

A detail of the hand-painted plate fixed to the sides of the top cases to identify the members of Scuderia Minetti. In this case, only the footrests, the tank and the handlebar had been adjusted, whilst the engine was strictly standard.

Un attimo di pausa per un breve riposo prima di continuare il lungo viaggio. Notare che un pilota ha un cartello del raid fatto a mano; probabilmente aveva perso quello originale durante il viaggio e, per ovviare il problema, ne aveva fatto uno al volo per non rimanere senza.

A minute of rest before continuing the long journey. Notice that one of the race plates is written by hand: the rider had probably lost the original during the journey and found a 'homespun' solution to not be left without one.

Il gruppo delle otto Lambretta Minetti esce dalla porta principale dello stabilimento Innocenti prima dell'inizio della manifestazione ciclistica.

The group of eight Lambrettas by Minetti exits the main door before the cycling event.

In June 1949, the Swiss Lambretta enthusiasts visited the Innocenti factory in Milan. The Lambretta had been successful in Switzerland ever since the 125 A, and its market was constantly evolving. The company thus decided to organise a big event including the interesting experience of a visit to the facilities where the Lambretta was manufactured and where the marketing of Innocenti products had birth.

It was a particularly successful event, featuring many participants and a perfect welcome committee. It was the first time that a foreign group of Lambrettisti came to Italy to see the factory, and this experience kick-started other similar events. The production chain was a unique display and I can only imagine how open-mouthed the visitors were as they saw the perfection of the Innocenti process.

Il sidecar

Primi disegni del sidecar da applicare alla Lambretta 125 A. In questo caso si pensava, in una prima fase, di produrre internamente tutta la scocca e il telaio. Poi si preferì demandare il progetto e la costruzione alla Cimem, già esperta in questo settore.

The early drawings of the sidecar to attach to the Lambretta 125 A. Management initially thought to produce the entire body and chassis in-house. It later chose to contract the project to Cimem , which had gained prior expertise in the field.

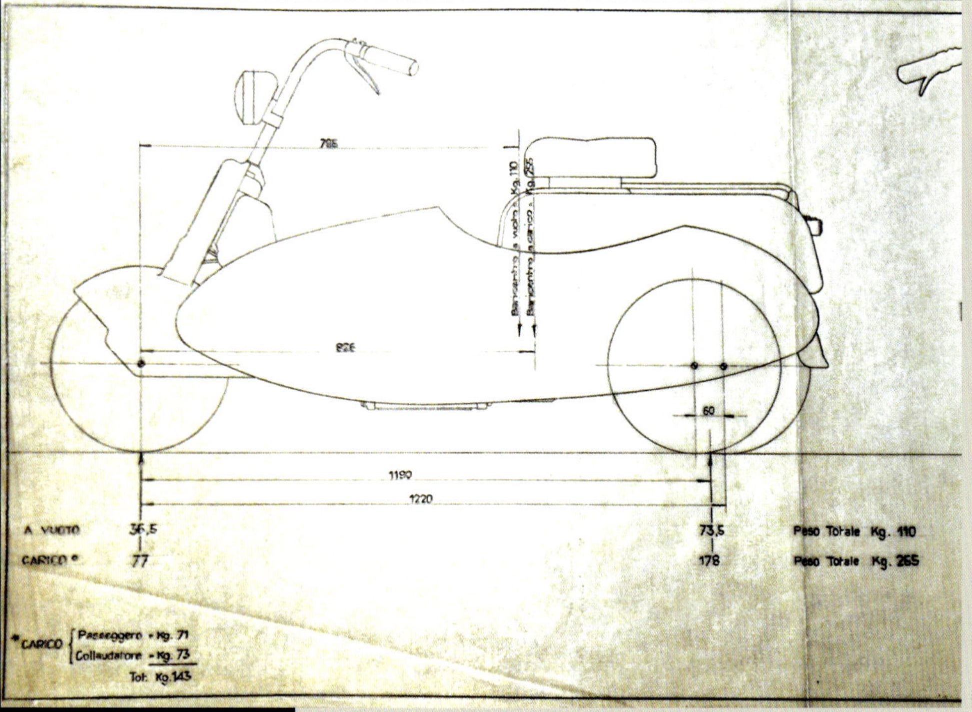

In Italia il sidecar non ebbe mai una apprezzabile diffusione come nei Paesi del nord Inghilterra o Germania; solo pochi arditi motociclistici si permettevano di usare questo tipo di veicolo, difficile da guidare, faticoso e molto pericoloso, specialmente in frenata.

Con l'avvento dello scooter le cose cambiarono radicalmente, la richiesta di avere un mezzo di trasporto economico per tutta la famiglia aveva trovato nel sidecar una nuova risorsa.

Era la soluzione ideale, si poteva viaggiare in tre o anche in quattro, con costi di gestione davvero bassi e la guida del sidecar era molto facilitata dalla modesta potenza del motore e dalla ridotta velocità di crociera.

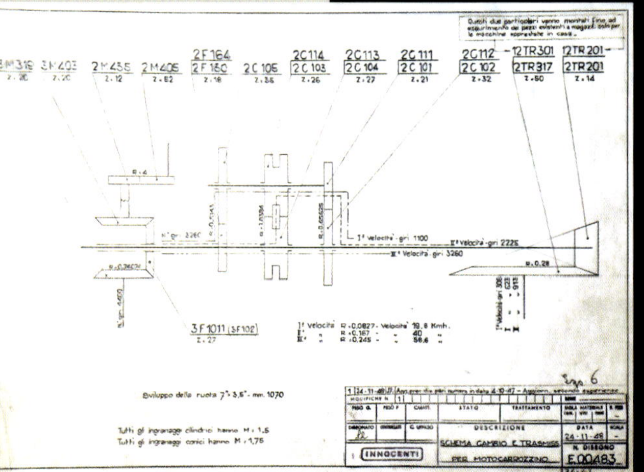

Con l'applicazione del sidecar i rapporti del cambio dovettero essere accorciati per mantenere in coppia il piccolo motore Lambretta. La velocità massima venne così ridotta a soli 58,6 km/h.

With the attachment of the sidecar, the gear ratio needed to be shortened for the small Lambretta engine to produce the right torque. Top speed was thus reduced to only 58.6 km/h.

The sidecar

The sidecar has never been as popular in Italy as in the UK, Germany, or other Nordic countries. Only a few brave riders took a gamble on this kind of vehicle, which was hard to drive, painstaking and rather dangerous, especially in the braking phase. With the appearance of the scooter, things changed radically. The demand for an affordable family vehicle made the sidecar a new resource. It was the ideal solution: it could carry a group of three or even four, it had low maintenance costs, and driving it was made even easier with the lower horsepower and cruising speed.

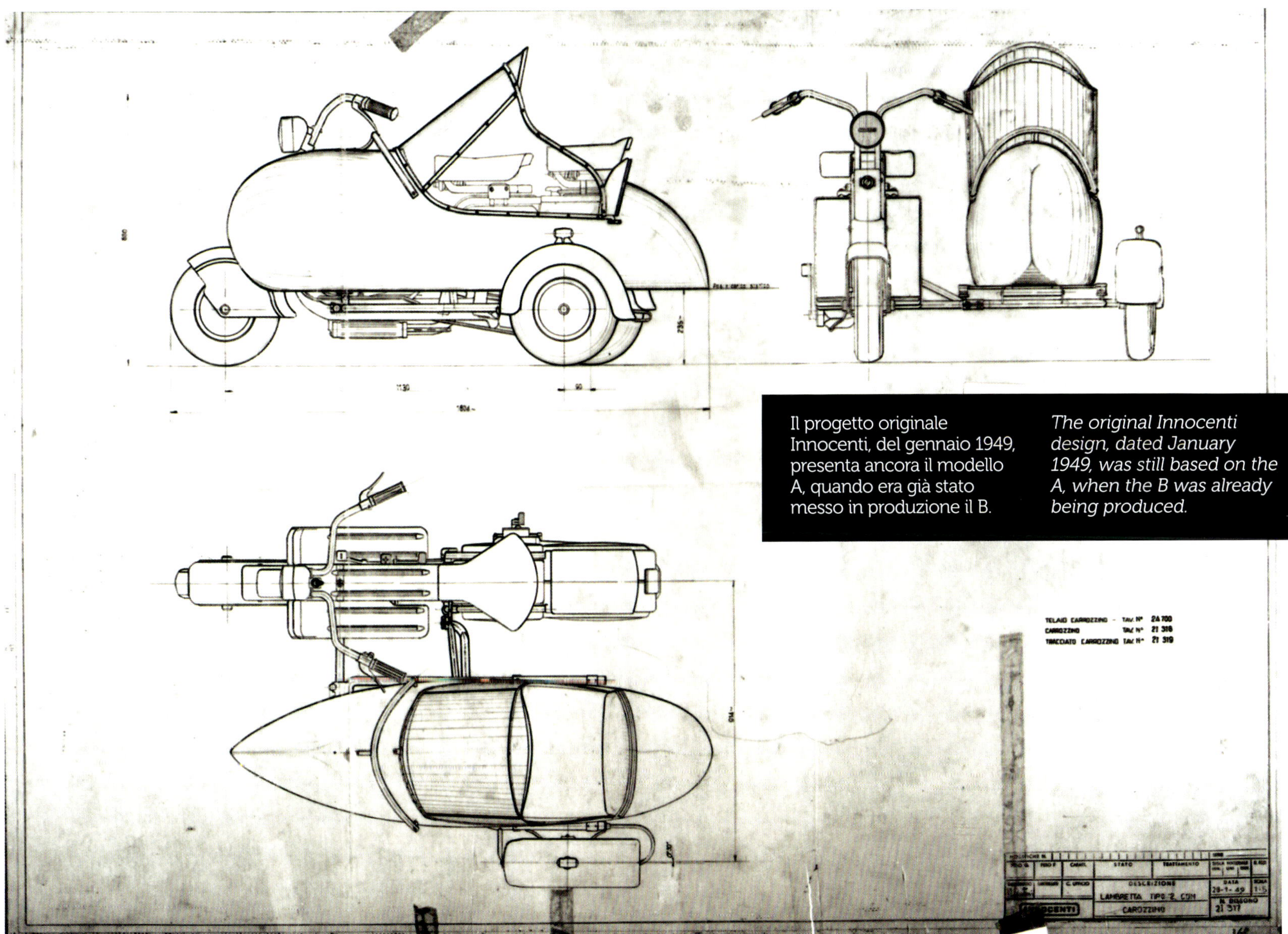

Il progetto originale Innocenti, del gennaio 1949, presenta ancora il modello A, quando era già stato messo in produzione il B.

The original Innocenti design, dated January 1949, was still based on the A, when the B was already being produced.

Una allegra famigliola con la 125 A con sidecar. Notare il fregio sulla fiancata, tipico della prima serie prodotta.

A happy family on a 125 A with a sidecar. Notice the side decoration, a trademark of the first series.

In questo caso si tratta di una 125 B e il fregio sulla fiancata è completamente diverso da quello della 125 A.

In this case, the vehicle is a 125 B, and the side decoration is completely different from that of the 125 A.

L'Innocenti comprese immediatamente questa esigenza delle famiglie più numerose e studiò la possibilità di attaccare il sidecar alla Lambretta 125 A senza dover effettuare modifiche sostanziali al telaio.

I primi progetti per lo studio di un sidecar leggero risalgono al 23/10/1948; si trattava di un modello esclusivo da produrre all'interno della fabbrica ma, già a fine 1948, si pensò che era meglio delegare una azienda esterna per sua la costruzione.

A gennaio 1949 il nuovo progetto venne definito in tutti i suoi particolari e venne contattata una famosa ditta di Milano, la Cimem, che era già specializzata in carrozzerie e sidecar.

Fu così preparato un modello molto lineare con un bellissimo disegno sui fianchi della carrozzeria, che venne tenuto a battesimo durante la Fiera di Milano dell'aprile 1949.

Del sidecar Cimem esistono due versioni di decorazioni, la prima era la più utilizzata sulla A mentre la seconda era più diffusa sul modello B. Nelle foto originali che ho trovato si possono vedere chiaramente le differenze tra i due modelli.

Per riconoscere un originale Cimem Innocenti da un altro modello, basta guardare il supporto della terza ruota; in quello ufficiale era stata utilizzata la piastra porta ruota posteriore del motore della 125 A.

La collaborazione con la Innocenti durò alcuni anni con la produzione di sidecar con diverse soluzioni per poter essere collegati ai vari modelli Lambretta.

La stessa Cimem fu autorizzata a produrre una piccola autovettura di nome Girino, che montava una buona parte della telaistica del motofurgoncino FC.

La moda del sidecar ebbe un repentino crollo già a metà degli anni '50 e solo pochi appassionati di questo particolare mezzo di trasporto continuarono a utilizzarlo.

Un'altra azienda romana specializzata nella produzione di sidecar era la Tittarelli, che li costruiva in lamiera di ferro e assomigliavano molto a quelli della Cimem di Milano. Notare che il mozzo ruota era più simile a quello della Vespa che a quello Lambretta.

Another Rome-based company specialised in sidecars was Tittarelli, which made them using iron sheet metal. They are quite similar to the ones made by CIMEM of Milan. Notice the hubcap, more similar to the Vespa's than the Lambretta's.

Un altro sidecar molto popolare era quello prodotto dalla Durapid di Roma. Era costruito in tre pezzi di alluminio fuso in terra e la carrozzeria era autoportante senza il classico telaio in ferro.

Another quite popular sidecar was the one manufactured by Durapid of Rome. It was made of three pieces of sand-cast aluminium, and the structure was self-supporting, without the classic iron frame.

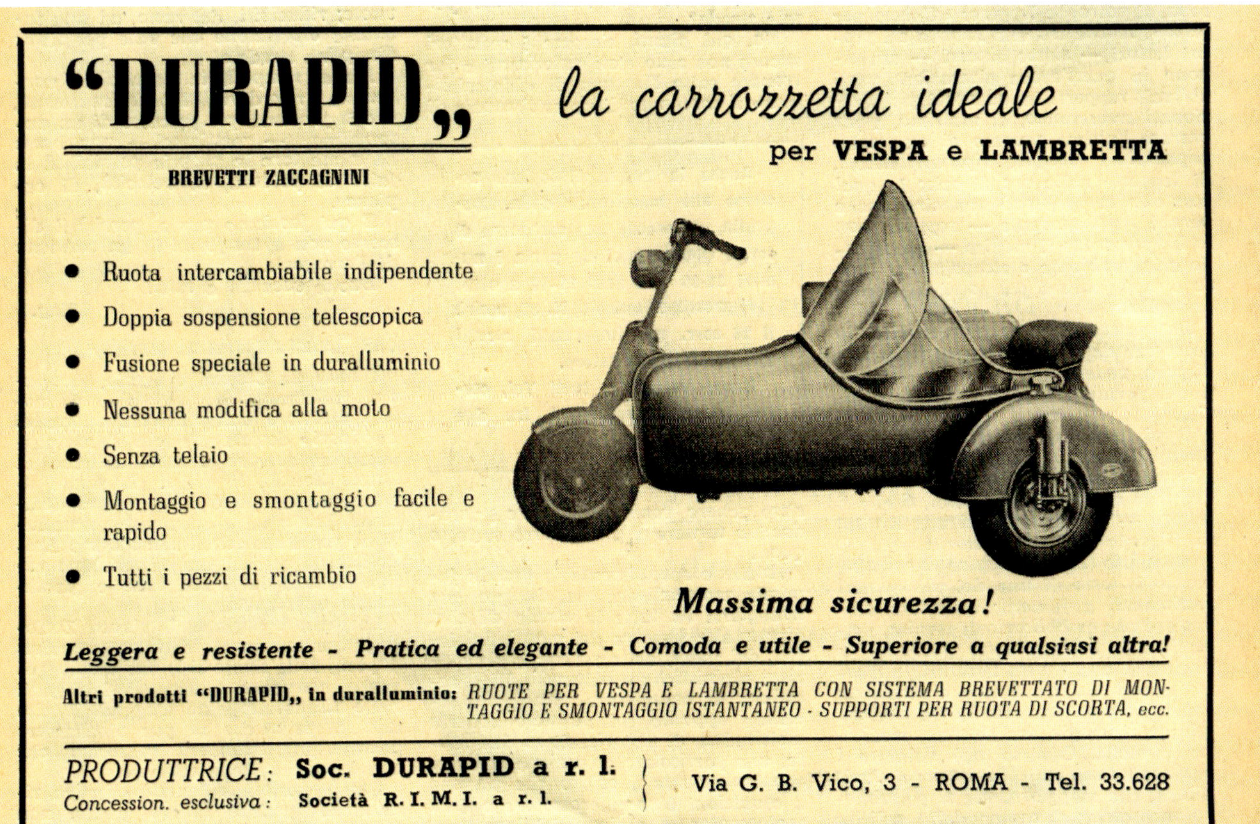

Innocenti immediately embraced such demands and studied a way to attach a sidecar to the Lambretta 125 A without making major chassis adjustments. The early concept designs for a 'light sidecar' are dated 23/10/1948. This was an exclusive model to be made within the factory but, as early as 1948, Innocenti decided that it was better to hire a contractor.

The new project was defined in the slightest detail in January 1949, and the third party hired to produce it was a famous Milan-based firm called Cimem, which was already experienced in bodywork and sidecars. The company prepared a rather linear model with beautiful decorations on the sides, which was unveiled during the Milan trade show in April 1949.

Two versions of the sidecar decorations were created: the first version was applied to the A, and the second version was mostly applied to the B. You can clearly see the differences in the original photographs I have found. To distinguish an original Cimem Innocenti from another model, simply look at the wheel rack: the official version has the rear wheel rack of the 125 A.

The partnership with Innocenti lasted various years and yielded different sidecar designs to pair with the various Lambretta models. Cimem itself was authorised to manufacture a small vehicle called Cirino, which had most of the components of the FC three-wheeled utility vehicle.

The sidecar fad had a sharp decline as early as the mid 1950s, and only a few enthusiasts of this peculiar mode of transport have kept on using it.

Studi vari

Durante la produzione delle Lambretta 125 A e B il Centro Studi Innocenti non rimaneva certo con le mani in mano! La ricerca per migliorare il prodotto Lambretta e renderlo più efficiente e funzionale era continua, giorno dopo giorno.

I disegnatori e gli ingegneri erano sempre al lavoro per cercare nuove soluzioni tecniche ed estetiche; la concorrenza era molto agguerrita e bisognava assolutamente essere sempre un passo avanti rispetto agli altri produttori italiani e esteri.

In questo capitolo analizzeremo alcune interessanti proposte tecniche che, però, non vennero mai adottate nella produzione in serie.

Si tratta, quindi, di informazioni rare e inedite per tutti gli amici lambrettisti e spero vi possa far piacere conoscere questi documenti storici, mai pubblicati, sull'evoluzione dei primi modelli Lambretta.

Avviamento a strappo: questa particolare modifica era, probabilmente, destinata ad agevolare l'avviamento per le persone che avevano problemi di disabilità alle gambe.
In pratica veniva inserita una carrucola sul perno di avviamento e il supporto della maniglia veniva saldato sulla parte anteriore del bauletto portaoggetti.
La corsa della maniglia doveva essere molto corta perché sfruttava la molla di ritorno originale della leva a pedale.
Non credo fosse molto agevole l'avviamento con questo sistema, perché la demoltiplicazione era piuttosto limitata e lo sforzo alla maniglia era certamente elevato.

***Pull starter**: this special adjustment was, most likely, designed to facilitate engine starting for people with leg disabilities.*
It essentially featured a pulley on the drive pinion, and the handle holder was welded to the front of the top case.
The cord stroke must have been very short because it used the original return spring of the kickstart pedal.
I do not believe that starting the bike with this system would have been very easy since the gear ratio was quite limited, and pulling the cord required a considerable effort.

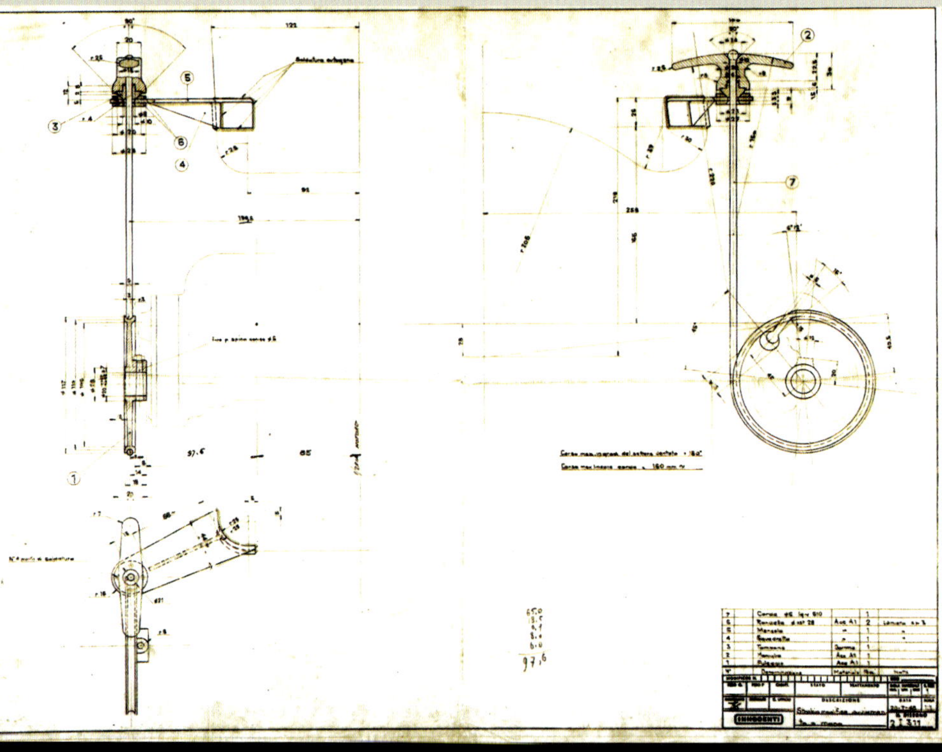

L'interessante modifica per l'adozione dell'avviamento a mano sulla 125 A, con una carrucola calettata sul perno avviamento e il supporto della maniglia saldato al bauletto.

The interesting adjustment to add a pull starter to the 125 A, with a tapered pulley on the drive pinion and the handle holder welded to the top case.

Miscellaneous ideas

Throughout the production of the Lambretta 125 A and B, the Innocenti R&D department certainly did not twiddle its thumbs! The search for a better, more efficient and more practical product was continuous and went on every single day. The designers and mechanics were always at work to find new technical and aesthetic solutions. The competition was fierce, and they always had to anticipate the moves of other Italian and foreign manufacturers.
In this chapter, we shall analyse a few interesting technical proposals that never made the production chain. The following information is thus rare and unpublished, even in the world of Lambretta enthusiasts. Therefore, I hope you will be happy to discover such historical documents on the evolution of the early Lambretta models.

Nell'esperimento n. 16, per collegare il comando cambio a pedale alla scatola ricevente al motore, si era pensato a un cavo flessibile tipo Teleflex. Il disegno ha già i numeri per l'eventuale produzione, prova che lo studio era già in uno stadio avanzato.

In experiment n. 16, a Teleflex-type cable was hypothesised to connect the handlebar gear changer to the gearbox. The drawing seems to have numbers for an eventual production, which proves that the project was already in an advanced phase.

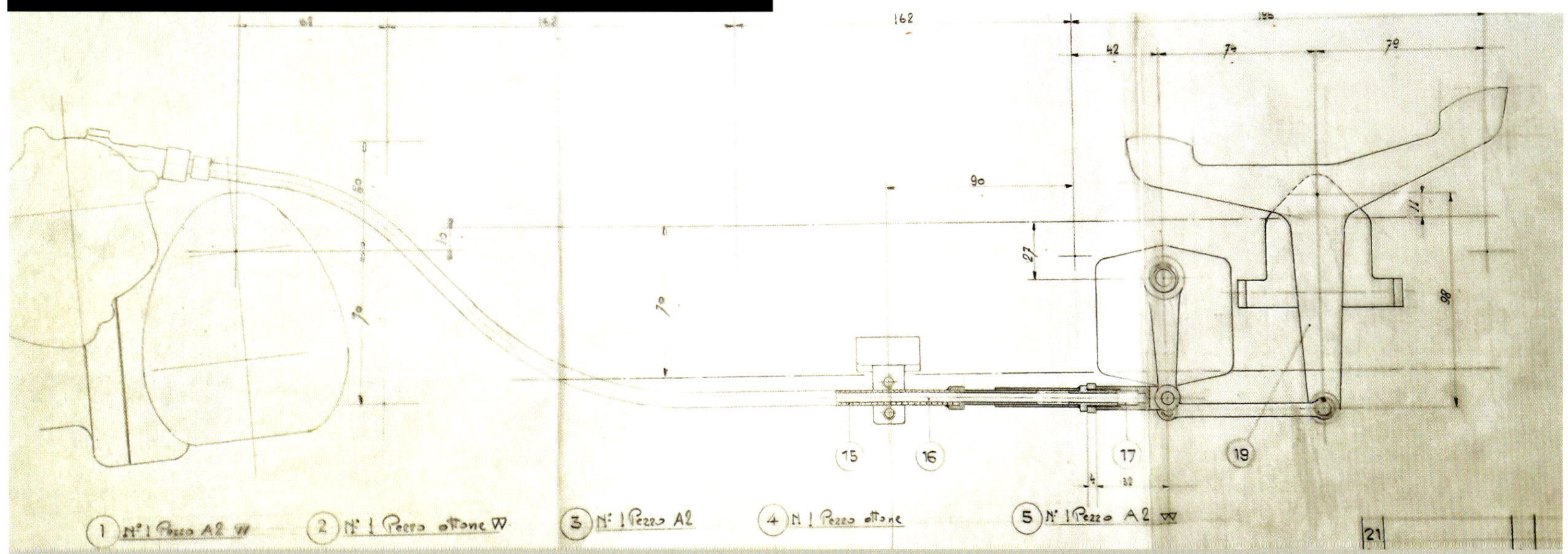

Comando a pedale per 125 B: per questo studio, devo ammetterlo, faccio fatica a capire chi potesse aver avuto un'Idea così assurda. Il comando a pedale della A era un vero disastro, difficile da manovrare e molto impreciso se non registrato correttamente. L'introduzione del comando a manopola della B era stata una grande innovazione, subito apprezzata da tutti i suoi possessori. Molte aziende after-market avevano già proposto per la A il comando al manubrio, a causa delle molteplici lamentele del cambio a pedale. Per queste ragioni sono rimasto molto stupito quando ho trovato nell'archivio questo progetto; fortunatamente non è mai andato in produzione!

***Pedal throttle for the 125 B**: when I see this drawing, I need to admit that I struggle to grasp how somebody could have such an absurd idea. The pedal throttle of the A was a disaster: it was hard to handle and very imprecise if not adjusted correctly. The introduction of the twist grip throttle for the B was a great innovation, immediately appreciated by all of its buyers. Numerous after-market companies had already offered the latter for the A, following a large number of complaints about the pedal throttle. This is why I was quite surprised to find this project in the archives. Luckily, it never came to life!*

Comando con preselettore: un interessante progetto per la scatola cambio della 125 B con preselettore. In questo caso la manopola sul manubrio sarebbe rimasta sempre nella stessa posizione e il comando delle marce avveniva con un breve movimento della mano, perché la manopola tornava sempre allo stesso posto.

***Preselector**: an interesting project for the 125 B gearbox with a preselector. In this case, the handlebar grip would always remain in the same position, since the gear shift occurred with a quick hand movement – the grip would always spring back to the same position.*

Questo progetto prevedeva l'adozione di un meccanismo di preselezione derivato da quello già in uso presso la Moto Guzzi, per i suoi prestigiosi modelli di 250 e 500 cc.

This project included a preselector mechanism derived from the ones used by Moto Guzzi for its prestigious 250 and 500-cc models.

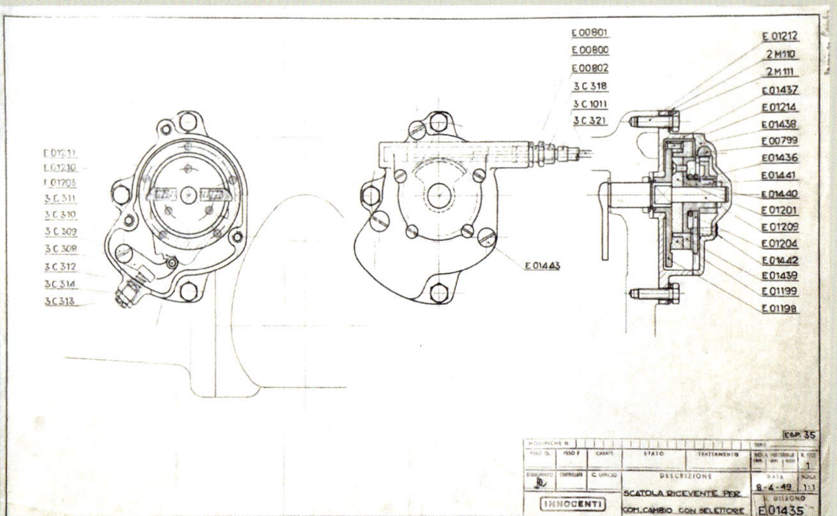

Aspirazione a valvola rotante: la costante ricerca per migliorare l'efficienza termo-dinamica del motore Lambretta portò gli ingegneri Innocenti a studiare la possibilità di adottare una aspirazione a valvola rotante, ricavata sul perno dell'albero motore. Un'idea già ampiamente utilizzata dalla Guzzi per la sua Motoleggera 65 e che si credeva fosse una interessante novità in campo motoristico. Chiaramente il maggior costo di produzione fu decisivo nel non far approvare il progetto, che venne invece testato solo sui modelli da competizione.

***Rotary valve intake**: the constant search to improve the thermodynamic efficiency of the Lambretta engine pushed the Innocenti specialists to hypothesise a rotary valve air intake above the driveshaft. This idea had been extensively used by Guzzi for its Motoleggera 65 and was believed to be an interesting innovation in the motoring world. The higher production cost was decisive in the rejection of the concept, which was, instead, tested on racing versions only.*

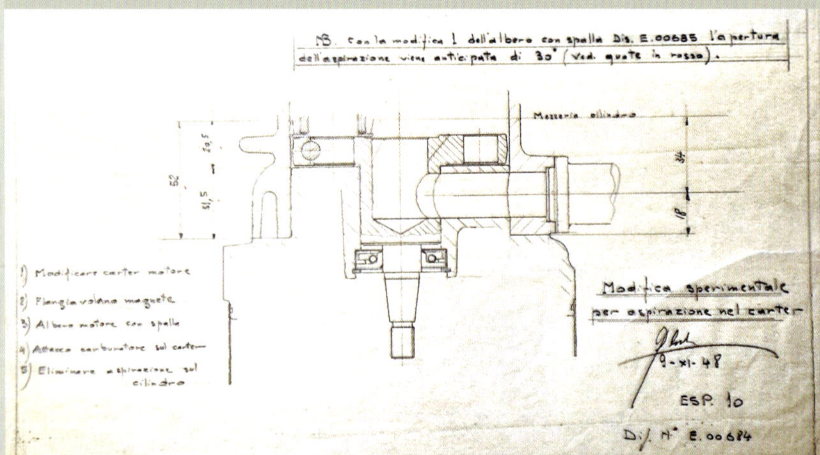

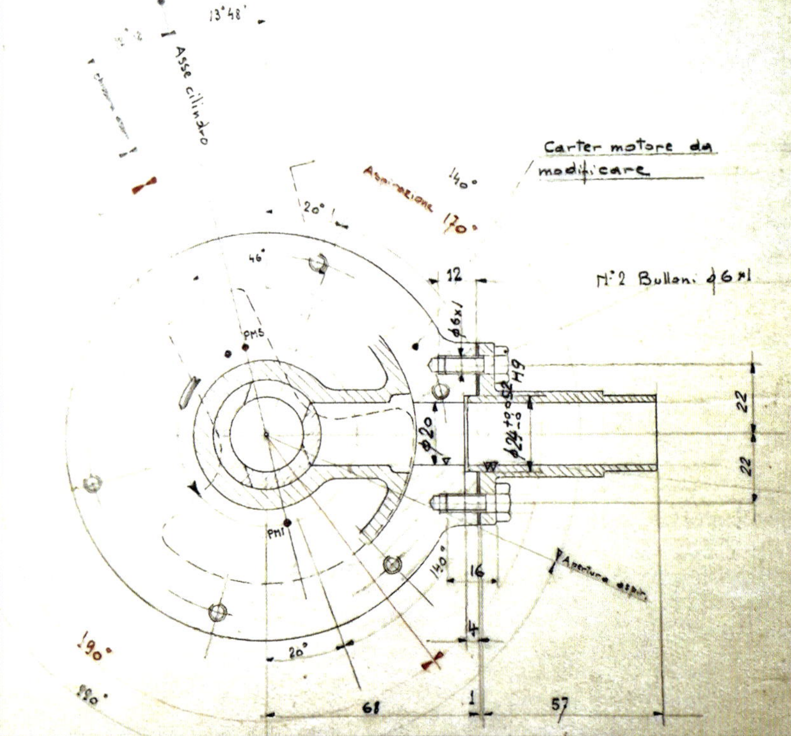

Particolarmente interessante l'elenco delle modifiche da effettuare per montare il sistema a valvola rotante; osservare che l'aspirazione veniva anticipata di ben 30° (nota scritta a mano).

This is a particularly interesting list of adjustments to be made in case the rotary valve system was implemented. Notice that the air intake was advanced by as much as 30° (handwritten note).

Selettore marce interno: verso la fine del 1948 si studiava già lo sviluppo della nuova 125 B. In questo esperimento, n.15 (28-10-1948), si pensò di mantenere il selettore delle marce all'interno del motore (come sulla 125 A) e realizzare una scatola esterna per ricevere il cavo Teleflex che arrivava del manubrio.
Il cursore che si innestava sulla rotella di comando era in bronzo con un sistema a ingranaggi. Il meccanismo si rivelò troppo costoso e si preferì la soluzione con il selettore di fermo esterno direttamente inserito nella scatola.

***Internal gear selector**: the new 125 B was already being developed at the end of 1948. In this experiment – n. 15 (28/10/1948) – the designers thought about placing the gear selector inside the engine (as with the 125 A) and creating an external gearbox to receive the Teleflex cable from the handle. The pinion engaging with the input shaft was meant to be made of bronze. The mechanism turned out to be too expensive, and the firm opted for the external selector, inserted directly in the gearbox.*

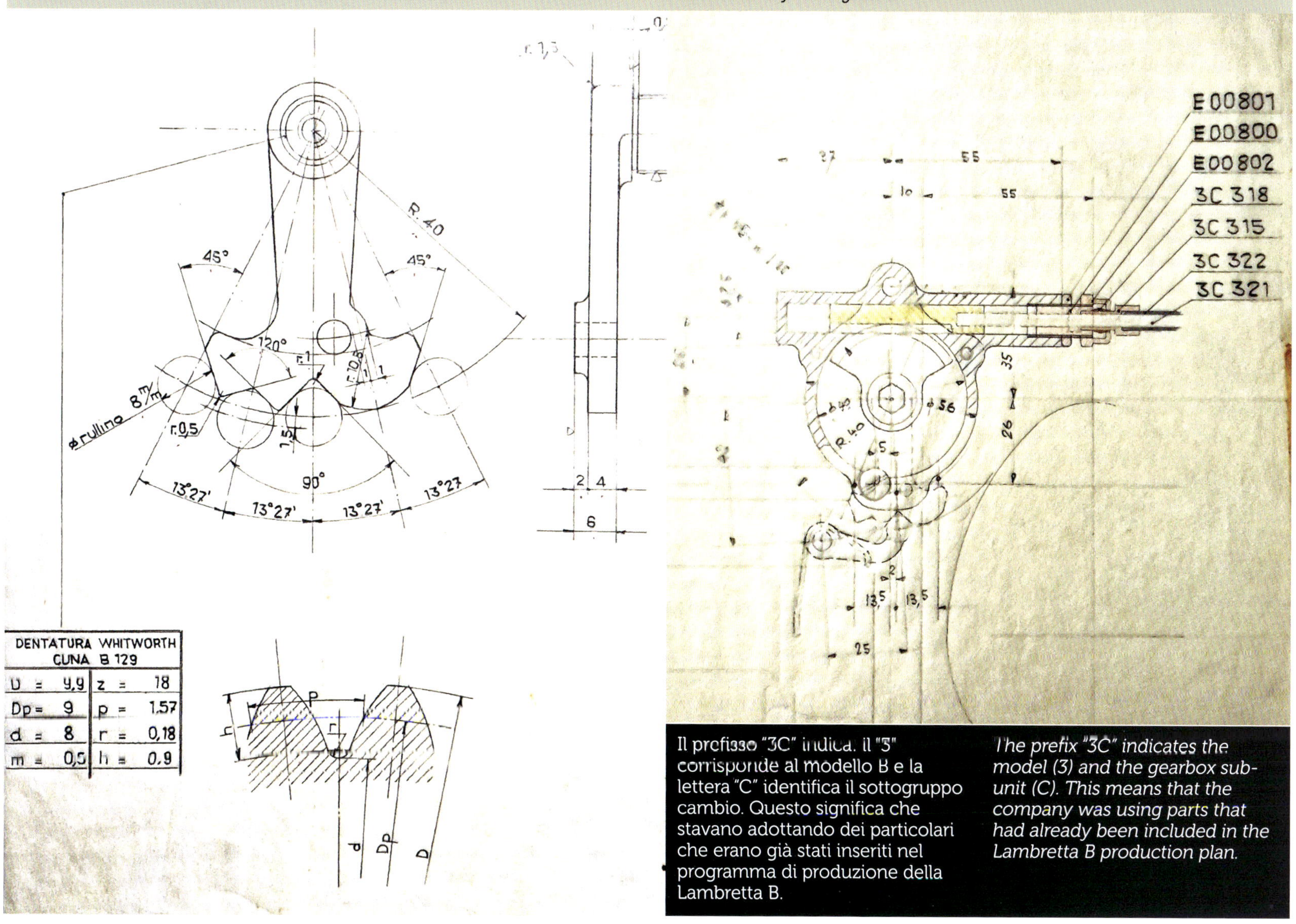

Il prefisso "3C" indica: il "3" corrisponde al modello B e la lettera "C" identifica il sottogruppo cambio. Questo significa che stavano adottando dei particolari che erano già stati inseriti nel programma di produzione della Lambretta B.

The prefix "3C" indicates the model (3) and the gearbox sub-unit (C). This means that the company was using parts that had already been included in the Lambretta B production plan.

Esperimento n. 34, del 29-4-1949: per semplificare la guida della Lambretta si pensò di studiare una frizione automatica a bagno d'olio. Concettualmente il sistema era ripreso dalla frizione standard, con l'aggiunta di un dispositivo a piani inclinati e sfere che servivano per il distacco della frizione a basso numero di giri. Un'idea certamente molto interessante, perché di facile realizzazione, che non prevedeva grandi modifiche al carter motore. Stranamente non fu mai adottata nella produzione in serie.

***Experiment n. 34, 29/04/1949**: to make the Lambretta easier to drive, the designers developed a wet clutch system. Conceptually speaking, the system was based on the standard clutch, with the addition of an inclined plane and ball system to distance the clutch at low rpm. This was an interesting idea because it was easy to manufacture and did not imply drastic changes to the crankcase. Oddly, it was never applied to the production vehicles.*

In questo disegno è stato utilizzato il colore rosso per evidenziare il particolare sistema a cursore e vite senza fine per il cavo del gas e il colore giallo per il pulsante claxon incorporato nel blocco del comando. L'utilizzo dei colori nei disegni costruttivi era molto raro e serviva unicamente per far capire meglio il funzionamento alle persone meno competenti.

In this drawing, the colour red was used to underline the special slider and lead screw system for the throttle cable and yellow to underline the horn embedded in the handle. The use of colour in construction drawings was quite rare and only used to explain functioning to the less expert.

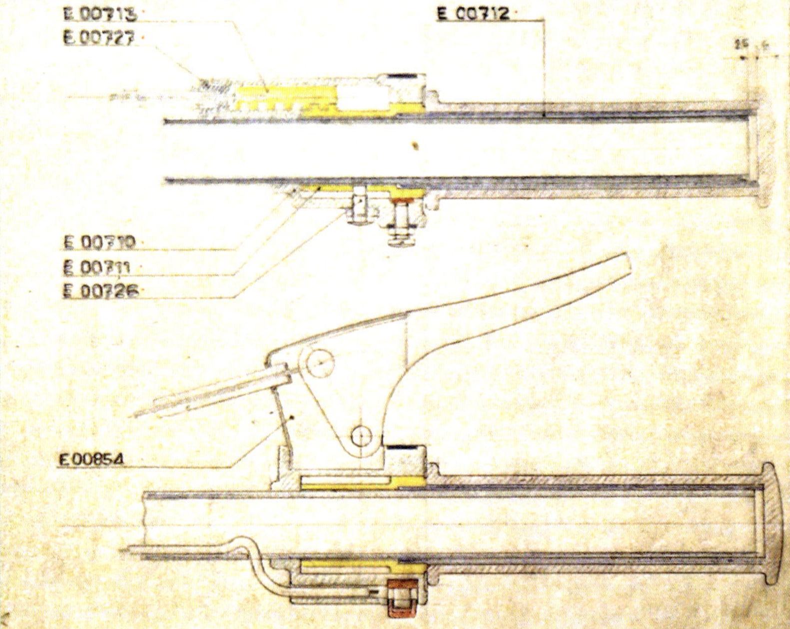

Esperimento n. 11, del 28-10-1948: inizialmente la manopola del gas della 125 B venne progettata con un sistema a cremagliera, molto costoso, e con il pulsante del claxon incorporato nel corpo della manopola. Un'esecuzione decisamente raffinata, che mal si confaceva con la riduzione dei costi imposta dalla direzione commerciale, che intendeva offrire la nuova Lambretta 125 B a un prezzo più conveniente rispetto alla A.

***Experiment n. 11, 28/10/1948**: initially, the twist grip throttle of the 125 B featured a quite expensive rack system, with the horn embedded in the handle. A rather refined design that was incompatible with the cost reduction policy imposed by the business department, which planned to sell the new Lambretta 125 B at a lower price than the A.*

Come si può notare dal prefisso "2F" ("2" Lambretta 125A e "F" sottogruppo frizione), per questo prototipo vennero utilizzati alcuni particolari di serie della Lambretta A. I numeri con la sigla "E" indicavano che erano ancora sperimentali.

As you may notice from the "2F" prefix – Lambretta 125A (2) and clutch sub-unit (F) – a few standard parts from the Lambretta A were used for this prototype. The letter E added to the numbers means that they were still experimental.

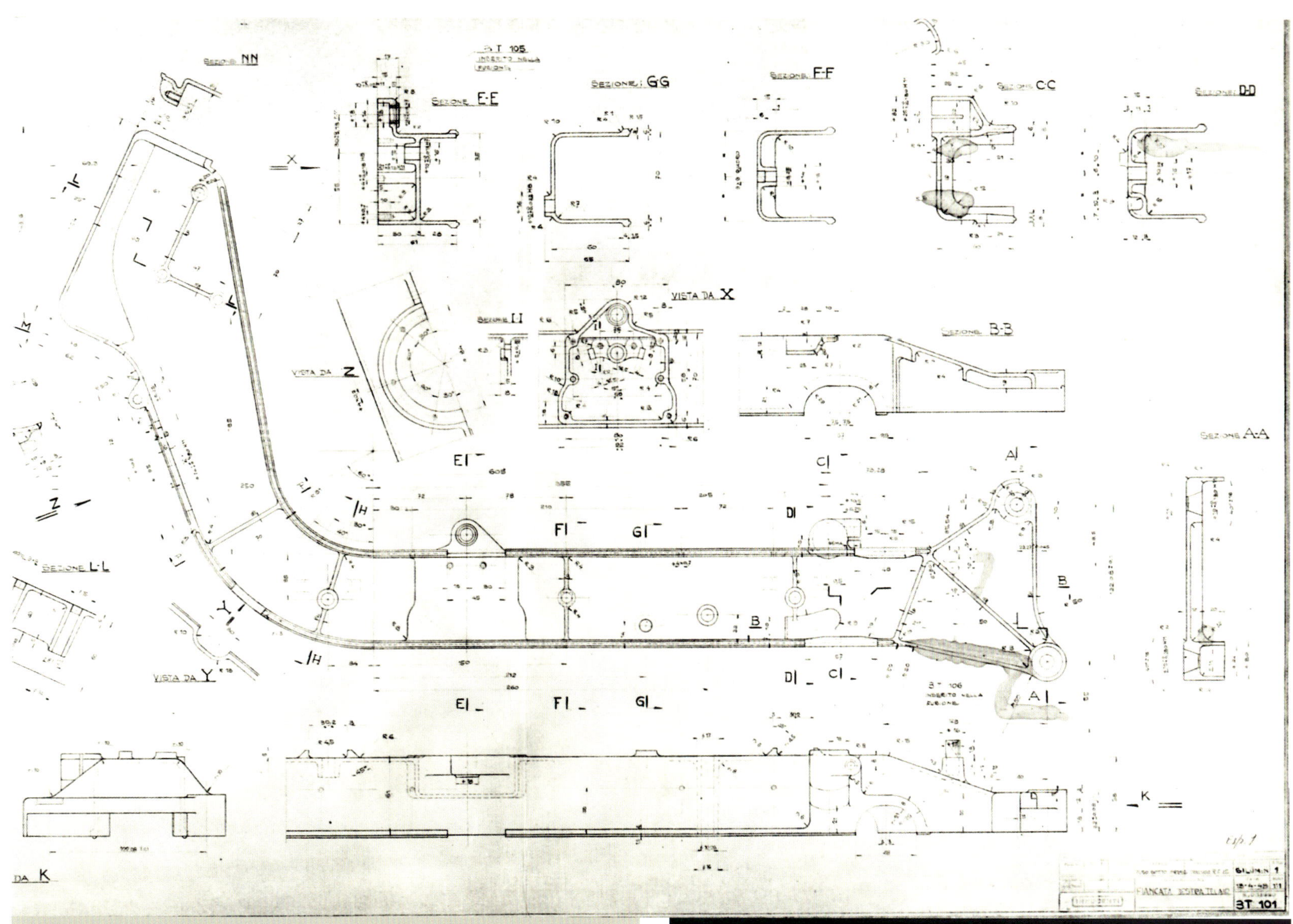

Telaio in lega di alluminio: nell'aprile del 1948 venne studiata la possibilità di produrre il telaio in un monoblocco in lega di alluminio (Silumin) per ridurre gli alti costi di assemblaggio del telaio in acciaio elettrosaldato. Di questo originale studio ho trovato solo questo disegno, prova che lo sviluppo dell'interessante progetto non venne poi considerato per un'eventuale messa in produzione.

***Aluminium alloy chassis**: in April 1948, the design team studied a possible monocoque chassis made of aluminium alloy (Silumin) to reduce the high assembly costs of the arc welded steel frame. I only found a single drawing of this original concept, which proves that the interesting project was never considered for production purposes.*

Questo studio per un telaio in alluminio è stato chiaramente preparato per la 125 A. Lo si può facilmente capire dal supporto del pedale cambio che incorpora la scatola di preselezione; stranamente, però, sul disegno è indicata la sigla 3 T 101, che identifica il modello 125 B (prefisso 3).

This drawing of an aluminium chassis was clearly prepared for the 125 A. You can easily tell by the gearshift pedal support embedding the preselector gearbox. Oddly, the drawing is labelled 3 T 101, which is associated with the 125 B (prefix n. 3).

Turismo e viaggi

Tironi al ritorno dal Polo Nord spiega ai giornalisti le difficoltà del lungo viaggio in sella alla piccola Lambretta 125 B.

Tironi, upon returning from the North Pole, explains the struggles of the long journey aboard the small Lambretta 125 B to a few journalists.

Con l'avvento dello scooter, in Italia nacquero nuove mode e nuovi orizzonti da raggiungere e conoscere.

La Lambretta, con il suo bassissimo costo di esercizio e un'assistenza tecnica in ogni angolo del pianeta, dava la possibilità ai più coraggiosi di poter intraprendere lunghi viaggi alla scoperta del mondo, in assoluta tranquillità.

La Innocenti comprese subito che queste nuove iniziative private dovevano essere sostenute finanziariamente, perché promuovevano il prodotto Innocenti, dimostrando l'altissima qualità costruttiva e le grandi doti di affidabilità ed economicità della Lambretta.

Venne così preparato un concorso turistico internazionale che premiava i lambrettisti che avessero fatto il viaggio più lungo senza interruzioni, coprendo il percorso più breve. Tra i coraggiosi partecipanti a questo speciale concorso ci fu il Prof. Giancarlo Tironi che, con la sua fidata Lambretta 125 B, fece due imprese straordinarie: nel 1949 andò fino a Capo Nord mentre nel 1950 si spinse da Milano a Gibilterra per poi percorrere tutto il Nord Africa fino alle piramidi in Egitto.

LA CLASSIFICA

La Commissione Giudicatrice del «Concorso Turistico Internazionale», bandito dalla Società Innocenti, composta dall'ing. Luigi Innocenti; dal prof. Guido Robecchi, presidente dell'A.N.C.M.A., dal comm. Emanuele Bianchi, presidente della Federazione Motociclistica Italia; dal conte Giovanni Lurani, presidente della Commissione Sportica A.C.M.; dal signor Franco Galli del Touring Club Italiano; dal comm. Gino Magnani, direttore di "Motociclismo» e da Orio Vergani, inviato speciale del "Corriere della Sera", preso atto della misurazione dei percorsi compiuti in "Lambretta" dai concorrenti — effettuata dagli Uffici Cartografici del Touring Club Italiano — e dopo aver considerata la documentazione relativa ad ogni viaggio, stabilisce la seguente classifica, al fine dell'assegnazione dei dieci premi:

Rolando Piazzoli, da Milano a Skibotn (estremo nord della Norvegia), percorsi Km. 11.819: vince il 1° premio di L. 500.000.

Prof. *Giancarlo Tironi*, da Milano a Porto Said; percorsi Km. 9.572; vince il 2° premio di L. 100.000.

Fiorella Ciferri, da Pavia al Circolo Polare Artico (Svezia); percorsi Km. 7.524; vince un premio di L. 50.000.

Orio Ciferri, da Pavia al Circolo Polare Artico (Svezia); percorsi Km. 7.524; vince un premio di L. 50.000.

Edoardo Taveggia, da Pavia al Circolo Polare Artico (Svezia); percorsi Km. 7.524; vince un premio di L. 50.000.

Louis Lionni (Stati Uniti), da Cavi di Lavagna a Stoccolma; percorsi Km. 6.551; vince un premio di L. 50.000.

Coniugi *Dajean* (Belgio), da Bruxelles (Pirenei); percorsi Km. 4.329; vincono un premio di L. 50.000.

Giuseppe Manzoni, da Brindisi ad Amsterdam; percorsi Km. 4.294; vince un premio di L. 50.000.

Coniugi *Pellizzari*, da Milano ad Edimburgo; percorsi Km. 4.215; vincono un premio di L. 50.000.

e del "Concorso Turistico" della Innocenti

Il Prof. Giancarlo Tironi, secondo classificato al «Concorso Turistico Innocenti», riceve le congratulazioni dell'Ing. Lauro. A destra: il Grand'Uff. Emanuele Bianchi, presidente della F.M.I. e il Dott. Arnaldo Cappellini; sullo sfondo: il Prof. Robecchi, pres. dell'Ancma.

Estratto del *Notiziario Lambretta* dove si vede il Prof. Tironi ricevere l'ambito premio del concorso turistico 1950, dalle mani del direttore generale Innocenti, Ing. Lauro.

A cutout from Notiziario Lambretta (the Lambretta newsletter) shows Prof. Tironi receiving the coveted prize for the 1950 touring competition from Lauro, the Chairman of Innocenti.

Sfilata per le vie del centro per pubblicizzare il grande viaggio che la Lambretta B ha saputo affrontare con assoluta efficienza e affidabilità.

A downtown parade to promote the great journey that the Lambretta B has endured with utmost efficiency and reliability.

Tourism and travels

The coming of the scooter in Italy paved the way for new fads and new horizons to reach and discover. The Lambretta, with its extremely low running costs and technical assistance in every corner of the planet, was an opportunity for the brave to embark on long international journeys... freewheeling!
Innocenti soon realised that these new private initiatives needed to be financially supported, as they promoted the extremely high manufacturing quality, reliability and affordability of its trademark product. The company thus organised an international touring competition to reward the Lambrettisti travelling the longest distances without interruption and taking the fastest routes.

Pronti per la partenza! La Lambretta è caricata all'inverosimile per affrontare l'incredibile viaggio di ben 9.572 km dall'Europa al Nord Africa.

Ready to take off! The Lambretta is loaded to the brim to travel an eye-popping 9,572 km across Europe and North Africa.

Quale posto migliore dove posizionare la tenda se non di fronte alla Sfinge con lo sfondo delle piramidi? Ho la vaga impressione che oggi non si potrebbe più fare.

Could there be a better place to set up camp than in front of a sphinx, with the pyramids in the background? I have a feeling that this would no longer be allowed today...

Among the courageous participants in this special challenge, there was Prof. Giancarlo Tironi who, with his trusted Lambretta 125 B, achieved two extraordinary feats: in 1949, he went all the way to the North Cape and, in 1950, he went from Milan to Gibraltar, then crossed the whole of North Africa to the pyramids in Egypt. The little Lambretta B completed this spectacular adventure without the slightest issue and despite an eye-popping 200-kg load!

Un viaggio straordinario che la piccola Lambretta B riuscì a percorrere senza un minimo problema, pur con un carico totale di ben due quintali di peso!
Ma oggi, la sorpresa più grande è stata quella di ritrovare questa Lambretta ancora in buono stato, corredata delle foto in bianco e nero che il Prof. Tironi scattò nel suo viaggio in Egitto.
Sono stati i parenti di Tironi a conservare gelosamente la Lambretta per settant'anni e ora, con grande generosità, hanno deciso di darla al Museo Scooter & Lambretta perché tutti possano conosce l'incredibile storia di Tironi.
Ma lascio la parola allo stesso professore che ci racconta l'esperienza del viaggio in Egitto:
«Ho compiuto tutto questo viaggio a bordo di una "vecchia Lambretta B" (aveva solo un anno ed era già "vecchia"!), la stessa con cui l'anno scorso compii il raid del Circolo Polare Artico, salvo la sostituzione del cavo freno posteriore con un sistema a bacchetta.
Il motore ha avuto così modo di compiere più di 31.000 chilometri, pur non essendo mai stato revisionato.
L'unica modifica apportata è stata quella del filtro dell'aria originale, sostituito con uno, pure Dell'Orto, più capace, cioè con massa filtrante migliorata e aumentata, in previsione di abbondanza di sabbia e polvere.
La media chilometrica è stata di 45 chilometri orari, anche se quella che avevo immaginato di tenere era solo di 40 km/h giacché tenevo conto di brevi eventuali soste.
Le tappe giornaliere medie si aggiravano sui 250 chilometri, con un minimo di 100 e un massimo di 450; ogni 100 chilometri, però, usavo soste per "sgranchire" gli arti e lasciare raffreddare il motore e i pneumatici.
Consumo totale: 250 litri di benzina e percentuale dell'olio da 5 a 6%.
Il comportamento del motore è sempre stato perfetto nonostante i 44° all'ombra e i due quintali e oltre di peso.
Veramente sorprendente il comportamento del volano magnete! (meno male che lo diceva lui... a noi fa sempre impazzire! Nda).
La frizione ha funzionato sempre in modo perfetto e tuttora funziona, dopo 17.000 chilometri, da quando cioè sono stati sostituiti i vecchi dischi.
Mai smontati il mozzo ruota anteriore né i ceppi dei freni; neppure cambiati i ferodi nonostante i 6.000 chilometri percorsi prima del raid, ma solamente registrato il freno e pulito il mozzo posteriore».
In totale il Prof. Tironi coprì una distanza di 9.572 chilometri in condizioni difficili, da solo e con l'unico aiuto delle concessionarie Lambretta sparse sul percorso.
Questo incredibile viaggio gli fruttò il secondo premio al concorso turistico della Innocenti e un premio di ben 100.000 Lire.
Chiaramente, anche molti altri coraggiosi Lambrettisti si cimentarono in avventure simili; il ridotto spazio del libro non mi ha consentito di inserire altre testimonianze, ma credo che quella del Prof. Tironi possa essere quanto mai rappresentativa del clima di grande entusiasmo per i viaggi in scooter che regnava in quei felici anni'50.

Grazie alla gentile disponibilità della famiglia Tironi, sono riuscito ad avere in prestito la 125 B dei raid compiuti nel 1949, 1950 e 1951. Una grande emozione quando sono andato a ritirare la Lambretta, che era parcheggiata nella vecchia villa della famiglia Tironi, incredibilmente a pochi chilometri da CasaLambretta!

The Tironi family was so kind as to lend me the 125 B from the tours completed in 1949, 1950 and 1951. I was thrilled when I went to pick up the Lambretta, which was parked in the old family mansion, at a shockingly close distance from CasaLambretta!

The biggest surprise today was to find this Lambretta still in good condition, decorated with the black-and-white photographs that Prof. Tironi took on his trip to Egypt. Tironi's relatives scrupulously stored the Lambretta for 70 years and now, in an act of immense generosity, they chose to donate it to the Museo Scooter & Lambretta so that everyone can know Tironi's incredible story.
But now let me leave the floor to the professor, who will tell us about his trip to Egypt himself:
'I took the whole trip astride an 'old' Lambretta B (it was 1 year old but was already considered old!), which was the same I used the year before to travel to the Arctic Circle, other than the rear brake cable which I replaced with a rod brake system. The engine thus travelled 31,000 km without ever being inspected. The only other part replaced was the original air filter, replaced with a new filter – also branded Dell'Orto – that had a better and greater filtering capacity, given the expected and abundant sand and dust.
The average speed recorded was 45 km/h, although I had planned to maintain it under 40 km/h, including short stops. I travelled, on average, 250 km per day, with the shortest stage lasting 100 km and the longest lasting 450. Every 100 km, I took a stop to 'stretch out' and cool down the engine and tyres. My total fuel consumption was 250 litres, with an oil percentage between 5 and 6%.
The engine always behaved well, despite 44°C and over 200 kg of payload. I was truly surprised by the performance of the magneto flywheel (if he says so! – author's note).
The clutch has worked perfectly to this day, after 17,000 km – after I replaced the old discs. I never disassembled the front hub or the brake linings. I didn't even replace the latter, despite the 6000 km that the bike had travelled before the trip, but only adjusted the brakes and cleaned the rear hub.'
Prof. Tironi travelled a total of 9,572 kilometres in harsh conditions, alone, and with the sole help of Lambretta workshops scattered along the path.
With this incredible journey, he won 2nd prize in Innocenti's touring competition and the considerable sum of 100,000 Italian lire in prize money.
Of course, a myriad of other brave Lambrettisti embarked on similar adventures, but the limited space of this book stopped me from including other stories. Yet, I believe Prof. Tironi's tale is a due representation of the great passion for scooter adventures in the happy 1950s.

Il prezioso stemma smaltato del concorso turistico 1951 fa bella mostra sulla forcella della 125 B. In quell'anno Tironi partecipò come indipendente, facendo un viaggio da Milano fino a Bagdad, sempre in sella alla sua fidata 125 B.

The precious enamelled plate from the 1951 competition stands out on the fork guard of the 125 B. In that year, Tironi entered the contest as an unsupported rider, with a journey from Milan to Baghdad – of course, with his trusted 125 B.

L'ultimo bollo di circolazione risale al 1957. Da quel momento la Lambretta non fu mai più usata e venne parcheggiata nella villa di famiglia dove è rimasta a dormire per ben 67 anni!

The latest tax slip is dated 1957. The Lambretta was never used again and remained parked and dormant at the family mansion for as many as 67 years!

Particolare della targa MI 39359 che accompagnò Tironi in tutti i suoi incredibili viaggi intorno al mondo.

A detail of the MI 39359 license plate that accompanied Tironi on all his incredible journeys around the world.

La Lambretta A in Argentina

di Emanuel Paz

Per capire come sia arrivato in Argentina questo modello, la seconda serie della Lambretta A, importato via nave direttamente dall'Italia, è necessario comprendere la situazione geopolitica del nostro Paese.

Dopo la fine della Seconda guerra mondiale, tra maggio e settembre 1945, l'Europa era devastata e molto lentamente cominciava a rimettersi in piedi. Dall'altra parte del mondo c'era una Argentina anemica di industrie e con un parco auto in rovina, ma preparata con le sue forti riserve e l'abbondanza, soprattutto di sterline (per il credito a favore dell'esportazione di carne, cuoio e grano) ad assorbire quasi tutto ciò che le veniva offerto. L'accordo di esportazione-importazione prevedeva che anche l'Argentina dovesse acquistare materie prime dal Paese che esportava.

Così, nel 1946, iniziò lo sbarco, soprattutto di marchi motociclistici inglesi e americani e dei loro rispettivi rappresentanti: Indian, Triumph, Panther, B.S.A., Matchless, Buxton Ltda, Ariel, A.J.S., Norton, Francis Barnet, Harley-Davidson. Alla fine del 1946 erano entrate nel Paese un totale di 1.164 nuove motociclette.

Nel 1947 sbarcarono altri marchi italiani come Ducati e Gilera, con il Saturno e il Nettuno, e Moto Guzzi. L'Argentina ha continuato ad avere sete di motociclette e automobili, con una domanda che assorbiva quanto veniva offerto, nonostante i costi elevati.

Quell'anno si chiude con le vendite triplicate, con un totale di 3.564 moto vendute, con in testa le inglesi.

Una rara immagine a colori di una 125 A, in compagnia di una bella ragazza, orgogliosa del suo nuovo mezzo di trasporto!

A rare colour image of a 125 A, in the company of a beautiful young woman, proud of her new mode of transport!

L'arrivo della Lambretta in Argentina avviene nel maggio del 1949. L'importatore per Argentina e Uruguay era Roberto Berlingiari S.A., un rinomato immigrato italiano che, anni dopo, costruì addirittura una propria motocicletta.

Anche se non esiste una documentazione esatta circa l'arrivo della Lambretta Modello A in Argentina, possiamo confermare che ne furono immesse nel Paese circa mille unità.

Dopo che l'ingresso di motociclette per il 1949 fece segnare ancora una volta un record, il 1950 rappresentò una svolta nel nostro Paese: le nuove tasse sulle importazioni, superiori al 200% del prezzo originario, cui si andavano ad aggiungere ulteriori tasse, fecero sì che tutte le moto e gli scooter diventassero da quattro a sei volte più cari rispetto al Paese d'origine.

Le nuove politiche dell'allora presidente, il generale Juan Domingo Perón, erano chiaramente protezionistiche e puntavano a favorire la produzione nazionale argentina. Per questo motivo, anno dopo anno, tutte le tipologie di importazioni si sono via via assottigliate fino a una pressoché totale contrazione.

Negli anni successivi le cifre sono andate di male in peggio: nel 1950 le Lambretta importate sono state solo 25, nel 1951 si è passati a 94 unità, l'anno dopo a 98 per arrivare nel 1953 a 135.

Per fortuna, nel 1954, si è poi avuta una svolta: dopo più di due anni di trattative: la società argentina S.I.A.M. (American Industrial Machinery Society), fondata dall'imprenditore italiano Torcuato Di Tella, iniziò la commercializzazione della Siam-Lambretta, divenuta poi Siambretta. Per la Innocenti l'unico modo di vendere la Lambretta in Argentina era infatti quello di assemblare gli scooter all'interno del Paese. Così è nata la Siambretta. I modelli prodotti sono stati il D-LD e il furgone FD, poi è stata la volta della serie 2 (solo TV175) e il modello 100% argentino, chiamato AV175. La produzione durerà per quasi dieci anni di fila e secondo i dati dell'Università Torcuato Di Tella sono scesi in strada tra i 220.000 e i 240.000 esemplari.

The Lambretta A in Argentine

Emanuel Paz

To understand how the 2nd-series Lambretta A, shipped (literally) directly from Italy, arrived in Argentina, you need to understand the geopolitical situation of our nation at that time.
After the end of World War II, between May and September 1945, Europe was devastated and was beginning, sluggishly, to get back on its feet. On the other side of the ocean, there was Argentina, with its scant industries and a ramshackle vehicle fleet, but ready, with its significant reserves and abundance (especially its credit in British pounds in exchange for meat, leather and wheat), to absorb any goods it was offered. The export-import agreements also stated that Argentina would purchase raw material from the exporting countries.
Thus, in 1946, the landing began. Motorbike manufacturers – mostly British and North American – invaded the country with their respective brands: Indian, Triumph, Panther, B.S.A., Matchless, Buxton Ltda, Ariel, A.J.S., Norton, Francis Barnet and Harley-Davidson. By the end of 1946, 1164 new two-wheelers had emigrated to the South American nation. Then, in 1947, it was the turn of Italian brands such as Ducati and Gilera – with its Saturno and Nettuno models – and Moto Guzzi. Yet, Argentina's thirst for motorcycles and automobiles was still not quenched: demand and supply kept on going hand in hand, despite the high prices. The year ended with triple the amount of bikes sold: 3564, with the British vehicles leading the pack.
The Lambretta arrived in Argentina in May 1949. The importer for Argentina and Uruguay was Roberto Berlingiari S.A., a well-known Italian immigrant who, years later, even started his own motorbike firm. Although there is no accurate documentation on the arrival of the Lambretta A in the country, we can confirm that about 1000 units entered the market. After, once again, record numbers in 1949, the year 1950 marked another turning point: new import taxes, amounting to 200% of the original price, and other taxes made the Italian motorbikes and scooters four to six times as expensive as in the country of origin.
New policies by the then-prime minister, General Juan Domingo Perón, were clearly protectionist and designed to favour Argentinian production. This is why, year after year, all imports declined and almost ceased. In the following years, things growingly worsened: in 1950, only 25 Lambrettas were imported, then 94, 98 and 135 in 1951, 1952 and 1953, respectively.
Luckily, a revolution occurred in 1954: after two years of negotiations, the Argentine company S.I.A.M. (American Industrial Machinery Society), founded by Italian entrepreneur Torcuato Di Tella, started to market the Siam-Lambretta, later known as the Siambretta. The only way the Lambretta could be sold in Argentina was to assemble the scooters locally. Thus the birth of the Siambretta. The models manufactured were the D-LD and the FD three-wheeled utility vehicle, then came the 2nd series (the TV175 only) and a model 100% Made in Argentina called AV175. Production lasted nearly 10 years, and according to the Torcuato di Tella University, between 220,000 and 240,000 vehicles were registered.

Una bella sfilata di Lambretta 125 A a Buenos Aires, in occasione di un raduno locale.

A beautiful parade of Lambretta 125 A in Buenos Aires, during a local convention.

Gli albori della Lambretta in Svizzera (1948-'49)

di Daniel Gasche

La Svizzera ha il merito di essere stato il primo Paese a importare la Lambretta fuori da l'Italia, nel 1948. La storia della Lambretta in questo Paese ha inizio al Salone Internazionale dell'Automobile di Ginevra (11-21 marzo 1948), dove la Lambretta 125m (A) fu presentata per la prima volta al pubblico. Da quel momento la Lambretta incontrò subito grande favore sia tra gli esperti sia tra il pubblico.
Ben presto si trovò anche un importatore generale, la Jan S.A. di Losanna, che dal 1919 importava dall'Inghilterra le motociclette Royal Enfield e dal 1947 le auto americane Studebaker. Nel 1948, Monsieur Louis Jan rappresentava già la seconda generazione alla guida di questa azienda. Le prime Lambretta dovettero essere consegnate da Milano in Svizzera poco dopo poiché, a partire dal 23 giugno si possono trovare annunci di diversi concessionari e dello stesso importatore sui quotidiani e sulle riviste della Svizzera francofona (dove apparvero anche le prime pubblicità sui giornali, perché lì aveva sede anche l'importatore generale (Jan S.A. Losanna).

La più vecchia Lambretta A della Svizzera

La più vecchia Lambretta svizzera è attualmente considerata il modello A con telaio n. 7420 e motore n. 7404. Questa Lambretta è stata prodotta dalla Innocenti a Lambrate nel maggio 1948 e immatricolata a Berna nel giugno dello stesso anno. Oggi è conservata, restaurata e in condizioni impeccabili, in un museo privato vicino a Berna.
Possiamo supporre che l'importatore generale di Losanna avesse già venduto delle Lambretta prima del mese di giugno e le avesse omologate per l'uso stradale. Purtroppo non esiste più una documentazione a riguardo. In generale si può dire che in Svizzera furono importati solo i modelli Lambretta A della seconda serie. In ogni caso, nel Paese non si conoscono modelli della terza serie A.
Il trasporto da Milano a Losanna avveniva su rotaia attraverso il tunnel ferroviario del Sempione (Milano/Domodossola/Iselle-Briga/Losanna). Lo sdoganamento avveniva a Briga o a Losanna.
Una volta sdoganati, sui veicoli veniva apposto il tipico sigillo doganale svizzero. Si tratta di un piccolo sigillo rotondo in piombo, con impressa una croce svizzera e la scritta "Douane Suisse". Attraverso il sigillo viene tirata una robusta corda di canapa, con la quale questo viene fissato al veicolo. Sui modelli Lambretta A e B, il sigillo era applicato su uno dei due tubi del telaio. Tale sigillo doganale si trova su tutti i modelli Lambretta importati in Svizzera. Quindi, se una Lambretta porta questo sigillo rotondo in piombo, si può essere sicuri che il veicolo una volta sia stato sdoganato in questo Paese.

The dawn of Lambretta in Switzerland (1948-'49)

Daniel Gasche

Switzerland may pride itself on being the first nation to ever import the Lambretta from Italy, in 1948. The history of Lambretta in this nation began at the Geneva International Motor Show (11-21 March 1948), where the Lambretta 125 m (A) was presented for the first time. From that day on, the scooter gained wide appreciation among both experts and the general public.

The market was soon controlled by a generalist importer, Jan S.A. of Lausanne, which imported Royal Enfield motorbikes from the UK since 1919 and Studebaker automobiles from the US since 1947. In 1948, Monsieur Louis Jan already represented the second generation at the company's helm. The first Lambretta deliveries from Milan to Switzerland must have occurred shortly after the unveiling, because the advertisements by the importer in the newspapers and magazines from Romandy – because the importer was headquartered in the region – are dated as early as 23 June 1948.

The oldest Lambretta A in Switzerland

The oldest Swiss Lambretta is currently believed to be the A with frame n. 7420 and engine n. 7404. This Lambretta was manufactured by Innocenti in Lambrate in May 1948 and registered in Bern in June of the same year. It was restored and is currently preserved in impeccable condition at a private museum close to Bern.

We may hypothesise that the importer from Lausanne had already sold some pieces before the month of June and had registered them for road use. Unfortunately, there is no longer any documentation to support this.

You can say that, in general, Switzerland imported Lambretta A models from the second series alone. In any case, nobody knows of any third-series models of the A in the country.

Transport from Milan to Lausanne occurred by rail, through the Sempione tunnel (Milan/Domodossola/Iselle-Brig/Lausanne). Customs clearance occurred in Brig or Lausanne. Once they cleared customs, the vehicles were equipped with the classic Swiss customs seal. It is a small, round lead seal with an engraved Swiss cross and the Douane Suisse writing.

Nella pagina a fianco: salto di 10 metri con la Lambretta B.

In yhe other page: a ten metre jump on the Lambretta B.

James Künzi (a destra) e un amico, sul passo Susten (2259 m s.l.m.), poco dopo la riapertura invernale.

James Künzi (right) and a friend at the Susten Pass (2259 m a.s.l.), shortly after the winter reopening.

Specialità "svizzere": tachimetri Alpha

Già nel 1948 in Svizzera il tachimetro era obbligatorio su tutte le motociclette di oltre 50 cc. Tuttavia, poiché le Lambretta venivano consegnate franco fabbrica da Milano senza tachimetro, l'importatore generale Jan S.A. dovette inventarsi qualcosa. Presso l'azienda Alpha della cittadina di Le Locle nel Giura di Neuchâtel trovò quello che cercava. I modelli Lambretta A e B avevano sempre un tachimetro Alpha montato a sinistra del tubo del manubrio. Di solito avevano un quadrante nero, ma esistono anche versioni (più rare) con quadranti verdi. Il diametro dei tachimetri è sempre di 60 mm. I quadranti per i tachimetri Lambretta A e B arrivavano fino a 70 o 80 km/h.
In quanto all'uso della targa, fino alla metà degli anni Cinquanta circa, in Svizzera era previsto dalla legge che le motociclette, e quindi anche gli scooter, dovessero avere una targa anche sulla parte anteriore. Sui modelli Lambretta A e B la targa veniva quindi montata sul parafango anteriore nel senso di marcia, tramite due prigionieri.
Per quanto riguarda i Club Lambretta, i primi furono fondati solo nel 1950 e non risulta che ve ne esistessero prima.

Primo rally Lambretta "Lambrettisti Svizzeri a Milano" (15-16 luglio 1949)

Il 15 luglio 1949, su iniziativa dell'importatore generale svizzero Jan S.A., si radunarono due convogli di quasi duecento Lambrettisti. Il primo gruppo si riunì nella città di Svitto (Svizzera centrale) per poi dirigersi con i modelli Lambretta A e B, attraverso il Passo del San Gottardo (2106 m s.l.m.), a Chiasso. Il secondo gruppo si riunì a Losanna e passò attraverso il Passo del Sempione (2009 m s.l.m.) fino a Iselle-Briga/Domodossola, sul confine italiano.
Poco prima di Milano, i due convogli di Lambretta si riunirono e furono accompagnati nel centro di Milano dai membri del Lambretta Club Milano della Scuderia Minetti. Al secondo giorno di raduno, la delegazione svizzera, di cui faceva parte anche l'allora noto ciclista Leo Amberg, visitò gli stabilimenti Innocenti di Lambrate. L'ingegner Lauro, direttore generale, e il Sindaco di Milano Greppi, accompagnarono gli svizzeri in un giro della fabbrica.

Lambretta B: il salto di 10 metri del concessionario Lambretta Ueli Hartmann

Nel 1949 Ueli Hartmann, della città di Sargans, non era solo un concessionario di Lambretta con un'attività in proprio, ma anche un uomo coraggioso! Altrimenti come gli sarebbe venuta l'idea di tentare un salto di dieci metri su una rampa di legno con una Lambretta modello B?
Così, domenica 25 settembre 1949, in occasione della prima "Corsa motociclistica a ostacoli" a Vaduz, ebbe luogo il famoso salto di 10 metri, alla presenza di circa 2.000 spettatori. Ueli Hartmann aveva preparato in anticipo il salto e si era allenato davanti casa, come raccontò in seguito suo figlio.
Il salto ebbe un grande successo e la stampa locale, Liechtensteiner Volksblatt, riportò in seguito con parole piuttosto sobrie: «Il clou dell'evento è stato un salto di 10 metri con una Lambretta, eseguito da un pilota svizzero sulla via dell'Aeule». A onor del vero c'è da dire che il telaio della Lambretta rimase un po' deformato dopo i salti.

Pubblicità dell'importatore generale JAN S.A. sul giornale "Pour tous" del luglio 1948.

An advertisement by the general importer JAN S.A. in the 'Pour tous' newspaper published in July 1948.

A sturdy hemp string was pulled through the seal, fixing it to the vehicle. For Lambretta A and B models, the seal was fixed to one of the frame tubes. The customs seal may be found on all Lambretta models imported into Switzerland. Therefore, if a Lambretta bears this round lead seal, you can be sure that it once cleared customs in the country.

'Swiss' specialties: the Alpha speedometers

As early as 1948, Switzerland imposed speedometers for all motorcycles over 50-cc. Nonetheless, since the Lambrettas were shipped directly from the Milanese factory without such a device, Jan S.A. had to come up with an idea. It found what it was looking for in a little town called Le Locle in the municipality of Neuchâtel. 'Swiss' Lambretta A and B models always have an Alpha speedometer mounted on the left of the handlebar. They usually have a black dial, but (rarer) versions with a green dial also exist. The diameter is always 60 mm. The top speed indicated on Lambretta A and B dials is 70 or 80 km/h.

As for the license plate, it was compulsory by Swiss law for all motorcycles – thus even scooters – both at the front and rear until the mid 1950s. Lambretta A and B models thus had a front license plate, fixed to the front mudguard with two stud bolts.

As far as Lambretta Clubs go, they were founded starting in 1950. There is no documentation stating that they were established earlier.

Una Lambretta A in partenza da Berna.
A sinistra e sotto, in vacanza sulla Lambretta A visitando il Ticino.

The Lambretta A at the start line in Bern.
A holiday trip on the Lambretta A, visiting Ticino.

Rottura e riparazione di un telaio a Annecy.

Frame breakage and repair in Annecy.

The first 'Lambrettisti Svizzeri a Milano' rally (Swiss Lambrettisti in Milan, 15-16 July 1949)

On 15 July 1949, on the initiative of generalist Swiss importer Jan S.A., two convoys of nearly 200 Lambrettisti gathered in Switzerland. The first group met in Schwyz (central Switzerland) to drive their Lambretta A and B models through the St. Gotthard Pass (2106 m a.s.l.) to Chiasso, on the Italian border. The second group met in Lausanne and crossed the Simplon Pass (2009 m a.s.l.) to reach Iselle-Brig/Domodossola, also on the border.

Just before they reached Milan, the two convoys were accompanied to downtown Milan by the members of the Lambretta Club Milano from Scuderia Minetti. On the second day of the convention, the Swiss delegation, including the then-renowned cyclist Leo Amberg, visited the Innocenti plant in Lambrate. Lauro, the general manager, and the Mayor of Milan, Antonio Greppi, took the delegation on a tour of the plant.

Lambretta B: the 10-metre jump by Lambretta commissioner Ueli Hartmann

In 1949, Ueli Hartmann, from Sargans, was not only an independent Lambretta commissioner but also a brave man! Otherwise, how would he have thought to attempt a 10-metre jump off a wooden ramp with a Lambretta B?

On Sunday, 25 September 1949, on the occasion of the Vaduz 'obstacle race for motorcycles', the feat took place in front of about 2000 spectators. Ueli Hartmann had prepared the jump by training in front of his house, as his son later reported.

The jump was a big success, though austerely reported by the local newspaper, the Liechtensteiner Volksblatt: 'The highlight of the event was a 10-metre jump with a Lambretta, performed by a Swiss rider on Via dell'Aeule'. Truth be told, the frame was indeed slightly deformed after the jump.

Note sui numeri di telaio e di motore

Numeri di produzione 125m
Production figures 125m

Mese		produzione.	Totale
Month		*production*	*Total*
1947			
ott.	*Oct.*	22	22
nov.	*Nov.*	25	47
dic.	*Dec.*	105	152
1948			
genn.	*Jan.*	143	295
febb.	*Feb.*	342	637
mar.	*Mar.*	658	1.295
apr.	*Apr.*	758	2.053
mag.	*May*	890	2.943
giu.	*June*	1.198	4.141
lug.	*July*	1.205	5.346
ago.	*Aug.*	1.100	6.446
sett.	*Sept.*	1.750	8.196
ott.	*Oct.*	1.473	9.669
Totale produzione			*9.669*
Total production			*9.669*

Considerazione sui numeri di telaio e motore 125m (A)

N. di partenza:

La numerazione del telaio e del motore della 125m parte dal n. 5.001.

Coincidenza numeri Telaio/Motore:

Fino a circa la 150° macchina costruita, il n. di motore e di telaio coincidono, successivamente la differenza è sempre nell'ordine di poche decine di unità con il limite massimo di circa 100 numeri.

Posizione e tipo di numerazione:

La posizione del numero di telaio e del motore rimane sempre la stessa per tutta la produzione: sotto la ghiera dello scarico per il n. di telaio e sul fianco destro, dietro il carburatore per il n. di motore. Unica significativa variante è che nella primissima produzione (circa 100 macchine) la numerazione è eseguita con un punzone speciale mentre, successivamente, si preferisce la marcatura a penna elettrica. Non esiste nessun modello marchiato "Tipo 0" o "Tipo 1". La Lambretta 125m (A) è sempre stata marchiata con il prefisso "Tipo 2".

Rapporto n. di telaio e n. di produzione:

Il totale della produzione rispecchia la numerazione del telaio, infatti gli ultimi modelli costruiti arrivano al numero 14.600 circa. Questo dato ci consente di ricavare con precisione la data di costruzione, con i tabulati di produzione Innocenti.

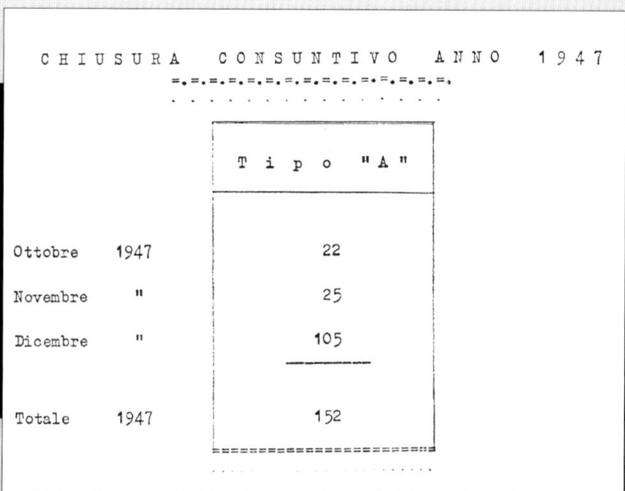

CHIUSURA CONSUNTIVO ANNO 1947

		Tipo "A"
Ottobre	1947	22
Novembre	"	25
Dicembre	"	105
Totale	1947	152

CHIUSURA A CONSUNTIVO PRODUZIONE ANNO 1948

		Tipo "A"	Tipo "B"	Totale Mensile
Gennaio	1948	143		143
Febbraio	"	342		342
Marzo	"	658		658
Aprile	"	758		758
Maggio	"	890		890
Giugno	"	1.198		1.198
Luglio	"	1.205		1.205
Agosto	"	1.100		1.100
Settembre	"	1.750		1.750
Ottobre	"	1.473		1.473
Novembre	"		464	464
Dicembre	"		1.390	1.390
Totale	1948	9.517	1.854	11.371

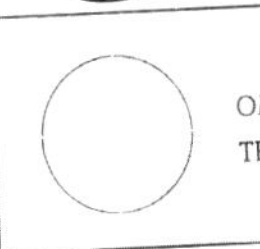

TELAIO
Passo
Lunghezza
Altezza m
Altezza m
Peso in c
(a vuoto)
Raggio m
MOTORE
2 tempi c
Numero
Alesaggio
Corsa
Cilindrata
Numero
Potenza
Potenza
Rapporto
Accensio
Lubrifica
INNEST
A disch
Comand
CAMBIO
Avvia
RUOTE
Misura
FRENI:
Anteri
Posteri
IMPIAN
Regol
Gene
SERBA
Sister
CONS
Litri

Notes on frame and engine number

Mod. Omol. I. G. M. 405

MOTOCICLO LEGGERO Lambretta 125 A	1947

DALL'ISPETTORATO GENERALE DELLA MOTORIZZAZIONE CIVILE E DEI
CONCESSIONE CON ATTO N. 183 DEL 29 OTTOBRE 1951

mt. 1,220
mt. 1,620
suolo mt. 0,090
ile mt. 0,665
marcia
Kg. 72
terzata mt. 1,500

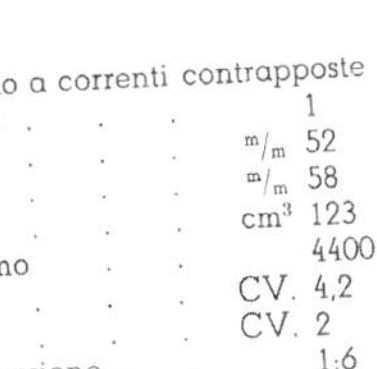

o a correnti contrapposte
1
m/m 52
m/m 58
cm³ 123
4400
no CV. 4,2
CV. 2
1:6

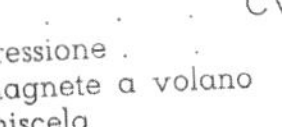

essione
agnete a volano
iscela

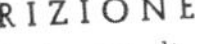

RIZIONE
in bagno di olio
te leva sul manubrio

ELOCITÀ a 3 marce con selettore a pedale

	RAPPORTO TOTALE	VELOCITÀ MASSIMA
tà	1 ÷ 12,3	Km/h 23,2
tà	1 ÷ 6,12	» 46,5
tà	1 ÷ 4,17	» 68
edale		

e pneumatici 3,5"×7"

a ganasce ad espansione Ø 100 con comando a leva sul manubrio
Ø 140 con comando a pedale

LETTRICO
- Senza batteria
orporato nel volano magnetico

CARBURANTE
il sedile ant. Capacità totale litri 6,800 di miscela di cui litri 0,800 di riserva

100 Km. secondo le norme del C.U.N.A.

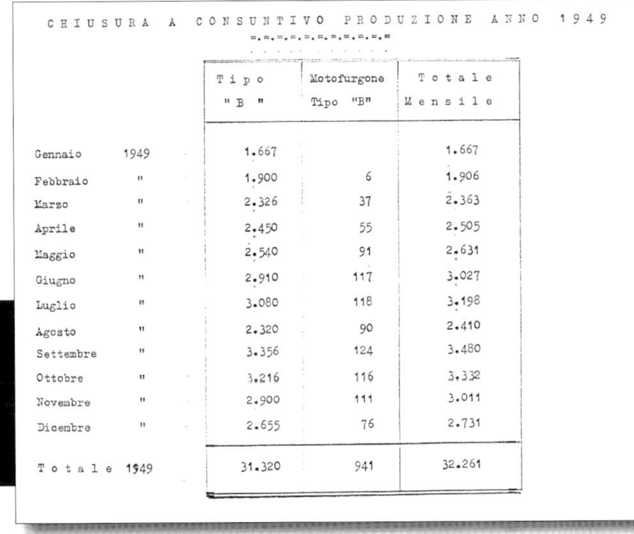

CHIUSURA A CONSUNTIVO PRODUZIONE ANNO 1949

		Tipo "B"	Motofurgone Tipo "B"	Totale Mensile
Gennaio	1949	1.667		1.667
Febbraio	"	1.900	6	1.906
Marzo	"	2.326	37	2.363
Aprile	"	2.450	55	2.505
Maggio	"	2.540	91	2.631
Giugno	"	2.910	117	3.027
Luglio	"	3.080	118	3.198
Agosto	"	2.320	90	2.410
Settembre	"	3.356	124	3.480
Ottobre	"	3.216	116	3.332
Novembre	"	2.900	111	3.011
Dicembre	"	2.655	76	2.731
Totale 1949		31.320	941	32.261

Notes on frame and engine numbers 125m (A)

Initial numbering:

The frame and engine numbering of the 125m started from n. 5.001. (Translators note: for the purposes of clarity, frame and engine numbers have been quoted using periods as thousands separators as seen on the original stamps. Otherwise commas are used as separators and periods as decimal points.)

Frame/Engine number coincidence:

Through to about the 150th machine constructed, the engine and frame numbers coincided; successively the difference was always in the order of a few tens of units, with the upper limit around 100.

Position and type of numbering:

The position of the frame and engine numbers was the same throughout the production run: below the exhaust ferrule for the frame number and on the right-hand side behind the carburettor for the engine number. The only significant variation concerns the very earliest examples (around 100 units), with the numbering being executed with a special stamp, while later marking with an electric pen was preferred. No model was marked "Tipo 0" or "Tipo 1", the Lambretta 125m (A) always being marked with the prefix "Tipo 2".

Frame n. and production n. relationship:

The total production output mirrors the frame numbering, with the final models built reaching around number 14.600. This certainty allows us to obtain a precise build date using the Innocenti production records.

Numeri di produzione 125 B
Production figures 125 B

Mese		produzione.	Totale
Month		*production*	*Total*
1948			
nov.	*Nov.*	464	464
dic.	*Dec.*	1.390	1.854
1949			
genn.	*Jan.*	1.667	3.521
febb.	*Feb.*	1.900	5.421
mar.	*Mar.*	2.326	7.747
apr.	*Apr.*	2.450	10.197
mag.	*May*	2.540	12.737
giu.	*June*	2.910	15.647
lug.	*July*	3.080	18.727
ago.	*Aug.*	2.320	21.047
sett.	*Sept.*	3.356	24.403
ott.	*Oct.*	3.216	27.619
nov.	*Nov.*	2.900	30.519
dic.	*Dec.*	2.655	33.174
1950			
genn.	*Jan.*	1.840	35.014
Totale produzione			*35.014*
Total production			*35.014*

Considerazione sui numeri di telaio e motore 125 B

N. di partenza:

La numerazione della 125 B parte dal n. di telaio e di motore 0.001.

Coincidenza numeri Telaio/Motore:

Già dall'inizio della produzione i numeri di motore e telaio non coincidono, ma hanno comunque una differenza di poche decine di unità. Con il proseguire della produzione il divario aumenta e si sono verificati casi di oltre 1.000 numeri di diversità. Solitamente però il divario non supera le poche centinaia di unità.

Posizione e tipo di numerazione:

La posizione del numero di telaio e del motore rimane sempre la stessa per tutta la produzione: sotto la ghiera dello scarico per il n. di telaio e sul fianco destro dietro il carburatore per il n. di motore. La marcatura è sempre a penna elettrica con il prefisso "Tipo B". Unica significativa eccezione sono le prime 30/40 costruite che hanno il prefisso "Tipo 3".

Rapporto n. di telaio e n. di produzione:

Dai registri Innocenti si deduce che il n. totale di Lambretta 125 B prodotte sono state 35.014, mentre i numeri di telaio verificati sugli esemplari esistenti arrivano al numero 45.000 circa. Considerando che la numerazione è partita da 0.001 è inspiegabile il perché si sia arrivati ad un numero così alto. Al momento non si è in possesso di documenti certi che possano spiegare questa incongruenza e quindi non è possibile trovare la data di costruzione sicura consultando i tabulati Innocenti.

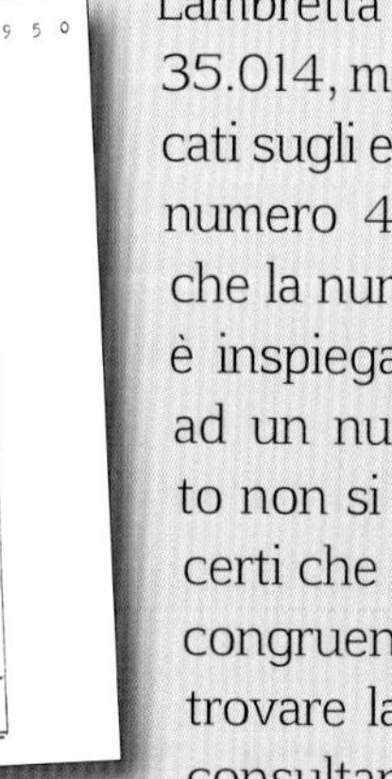

C H I U S U R A   A   C O N S U N T I V O   P R O D U Z I O N E   A N N O   1 9 5 0

		Tipo "B"	Tipo "C"	Tipo "LC"	Motofurgone Tipo "B"	Motofurgone Tipo "C"	Totale Mensile.
Gennaio	1950	1.840			587		2.427
Febbraio	"		1.870		288		2.158
Marzo	"		3.282		185		3.467
Aprile	"		2.595	399			2.994
Maggio	"		3.952	1.483			5.435
Giugno	"		4.053	1.957			6.010
Luglio	"		3.575	2.502			6.077
Agosto	"		2.000	1.400			3.400
Settembre	"		3.500	2.600			6.100
Ottobre	"		3.540	2.400			5.940
Novembre	"		3.450	2.270		44	5.764
Dicembre	"		2.939	1.801		120	4.860
T o t a l e	1950	1.840	34.756	16.812	1.060	164	54.632

Notes on frame and engine numbers 125 B

Initial numbering:

The frame and engine numbering of the 125 B started from n. 0.001

Frame/Engine number coincidence:

The engine and frame numbers did not coincide even from the onset of production, although the difference was in the order of just a few dozen units. As production proceeded, the gap increased and there were cases with differences of over 1,000 units. Generally, the gap did not exceed a few hundred units.

Position and type of numbering:

The position of the frame and engine numbers was the same throughout the production run: below the exhaust ferrule for the frame number and on the right-hand side behind the carburettor for the engine number. The marking was always executed with an electric pen with the prefix "Tipo B". The only significant exception was the first batch of 30/40 examples which had the prefix "Tipo 3".

Frame n. and production n. relationship:

The Innocenti records show that the total number of Lambretta 125 Bs produced was 35,014, while the frame numbers checked on existing examples run to around n. 45.000. Considering that the numbering started from 0.001, how such a high number was reached is inexplicable. Currently, there are no reliable documents available that explain this incongruity and therefore it is not possible to establish a correct build date by consulting the Innocenti records.

Finito di stampare nel mese di agosto 2024 presso Lito Terrazzi, Iolo (PO)